Prix : 1 Fr.

NOTICE

DES

PEINTURES, SCULPTURES

ET DESSINS

DE L'ÉCOLE MODERNE

EXPOSÉS DANS LES GALERIES

DU

MUSÉE NATIONAL DU LUXEMBOURG.

—

PRIX : 1 FR.

—

PARIS

CHARLES DE MOURGUES FRÈRES,
IMPRIMEURS DES MUSÉES NATIONAUX
RUE JEAN-JACQUES-ROUSSEAU, 58.
—
1872

INTRODUCTION

En publiant, à l'usage des visiteurs du Musée du Luxembourg, un nouveau catalogue de cette collection, nous croyons utile d'y conserver le résumé de l'histoire de sa formation, inséré depuis 1863 en tête des diverses éditions du Livret. Nous faisions suivre alors ce résumé de deux propositions à M. le surintendant des Beaux-Arts, relatives à la réunion d'ouvrages des artistes étrangers et au droit du Musée du Luxembourg de garder les œuvres des artistes cinq années par delà leur mort. Ces deux propositions ayant été approuvées par M. le comte de Nieuwerkerke et n'ayant pas été abrogées, restent encore, depuis le jour où la Restauration transforma la galerie du Luxembourg en Musée spécial des œuvres de nos artistes vivants, toute la législation de ce Musée, et c'est pourquoi nous les reproduisons ici.

« Le Musée du Luxembourg, consacré aux ouvrages des peintres et sculpteurs contemporains, et formant à distance la continuation naturelle des galeries de l'École française au Louvre, n'a été, dans son origine, qu'une compensation de richesses pour le palais qu'il décore.

« Le palais de Marie de Médicis fut, en effet, dès sa fondation, et n'a jamais cessé d'être un sanctuaire d'art.

« La reine régente, que son sang et son nom prédestinaient à protéger les artistes, avait appelé à le décorer et Duchesne, et Jean Mosnier, et Quentin Varin, et Ph. de Champaigne; le Poussin, dans sa jeunesse, fut employé « à quelques petits ouvrages dans certains lambris des appartements » (1). *L'inventaire général des tableaux du roi, fait en 1709 et 1710 par le sieur Bailly, garde desdits tableaux*, nous montre encore, au commencement du xviiie siècle, la *Chambre des Muses* ornée des panneaux des neuf sœurs, attribuées à Gentileschi, et présidées par une *Minerve française*, de Ph. de Cham-

---

(1) « Etant de retour en Lorraine, dit ailleurs Felibien, Israël Henriet demeura quelque temps à Nancy, puis vint à Paris travailler sous Duchesne, peintre, qui logeait à Luxembourg, Le Poussin y demeurait aussi alors, qui ne faisait que commencer à peindre ; mais il n'y fut pas longtemps, et s'en alla à Rome. »

paigne, qui a remplacé l'Apollon, inscrit ailleurs sous le titre d'*Orphée* (pauvres peintures bien usées aujourd'hui et conservées dans les magasins du Louvre);—dans la grande chapelle, un *Jésus-Christ porté au tombeau*, de Champagne le vieux ; — un *Hercule filant auprès d'Omphale*, de S. Vouet ; — et dans le *Cabinet doré*, sous l'éternel nom de Jeanet, huit tableaux historiques, dans presque tous lesquels figurent la reine Catherine de Médicis ou le cardinal de Lorraine. Ce même *Cabinet doré* contenait quatre tableaux et neuf « tableaux en plafonds du vieux Mosnier », représentant des sujets allégoriques à la gloire de la reine Marie de Médicis. L'un de ces tableaux est au Louvre; deux autres ont trouvé place dans la décoration de la salle moderne du *Livre d'or* au Luxembourg.

« Mais ce qui a fait pour toujours et à bon droit oublier tout le reste, ce fut cette galerie de Médicis, où le maître respecté du Poussin manqua l'occasion de sa gloire, et où Rubens déroula les vingt-quatre toiles splendides qui devaient rester pendant deux siècles l'école la plus suivie de nos peintres.

« M. Villot, en tête du Catalogue qu'il a donné des trois expositions du Musée du Luxembourg, en 1852, 1855 et 1863, a raconté, dans une savante introduction, l'histoire des diverses collections de tableaux qui occupèrent, depuis 1750, les appartements du palais. Il a recueilli les témoignages contemporains sur ce grand événement des plus fameux tableaux du Cabinet du Roi, livrés pour la première fois au public, et qui fut le précieux point de départ de notre galerie nationale. L'idée, toute simple qu'elle nous puisse sembler aujourd'hui, apparut justement alors tellement heureuse et tellement féconde pour le progrès des arts, que chacun en revendiqua l'honneur, et M. de Tournehem et M. de Marigny la disputèrent à un ingénieux critique de salons, La Font de Saint-Yenne, qui l'avait produite, en 1747, dans ses *Réflexions sur quelques causes de l'état présent de la peinture en France*. On a même fait remonter l'initiative de cette noble pensée à la sœur de M. de Marigny, la toute puissante marquise de Pompadour; pleine d'ambition pour les arts qu'elle cultivait, Mme de Pompadour pourrait, en effet, avoir été le véritable promoteur d'une idée populaire parmi les artistes, et qui s'accommodait si bien avec ses grands projets d'achèvement du Louvre.

« Mais il fallut quarante ans encore pour que le Louvre fût prêt à recevoir les chefs-d'œuvre du Cabinet du Roi, et jusque-là ce fut le Luxembourg qui leur livra ses galeries et ses appartements restés inoccupés depuis la mort, en 1742, de la reine d'Espagne, fille du Régent.

« Pendant trente années, de 1750 à 1780, les curieux et les étrangers purent admirer et étudier librement dans le même palais, — l'incomparable série de Rubens représentant la vie de Marie de Médicis, et décorant, comme chacun sait, la galerie droite, aujourd'hui détruite, et dont une partie sert de cage à l'escalier d'honneur du Sénat, — et puis répartis dans l'autre galerie parallèle, aujourd'hui remplie par nos grandes toiles modernes, et dans les vastes appartements intermédiaires de la feue reine, une centaine des œuvres les plus célèbres que possédât la France, de Raphaël, du Corrège, d'André del Sarte, du Titien, de Paul Véronèse, du Caravage, du Poussin, de Claude, de Rubens, de Van-Dyck, de Rembrandt, etc. Joignez à cela certains superbes dessins de Raphaël et du Poussin, lesquels ne rentrèrent dans les portefeuilles que dévorés par une si longue exposition.

« Dans les derniers jours de 1779, le Luxembourg fut donné en apanage à Monsieur, comte de Provence, et l'on retira du palais le bien du Roi, c'est-à-dire les tableaux de son Cabinet et les grandes toiles de Rubens; on les destina dès-lors « à faire partie de la collection qui enrichira le Muséum du Louvre. »

« Vingt ans se passèrent; le palais, tombé en pleine dégradation, se restaura d'abord pour le Directoire, puis pour le Sénat. L'architecte Chalgrin n'acheva ses travaux qu'en 1804; mais dès 1801, sur la demande des préteurs du Sénat, Chaptal, ministre de l'intérieur, décida la création du Musée du Luxembourg, et « le 18 janvier 1802, J. Naigeon en fut nommé conservateur, avec mission de l'organiser et de faire restaurer les peintures en mauvais état. Naigeon avait rendu de grands services comme membre de la commission des arts, en 1793, et comme conservateur du dépôt de l'hôtel de Nesle, où il rassembla tout ce qu'il put sauver des collections formées par les plus célèbres amateurs de l'époque. »

« L'année 1802 n'était pas finie que Naigeon avait réuni les éléments de son Musée, et avec beaucoup de discernement. Les Rubens en formaient naturellement la tête; puis il avait choisi cinq tableaux divers de ce Ph. de Champaigne qui avait tant travaillé jadis à la décoration du palais, et qui l'avait même habité longtemps; puis il était allé chercher à Versailles, dans le Musée de l'École française, les tableaux de la vie de saint Bruno, peints par Le Sueur pour le cloître des Chartreux, les plus proches voisins du Luxembourg; puis, dans ce cloître des Chartreux, Naigeon avait encore trouvé les deux autres Le Sueur, représentant le *Plan de la Chartreuse* et la *Dédicace de l'église*, et, en outre, les vingt paysages peints sur les volets destinés à couvrir les tableaux de Le Sueur; enfin, il s'était fait livrer, au Ministère de la marine, la suite des ports de France, par Jos. Vernet et Hue, et le nom de *salles des Vernet* en est resté à cette enfilade de salles dont l'espace faisait primitivement partie de la galerie de Médicis. En formant de ces diverses collections capitales le Musée du Sénat conservateur, Naigeon assurait au Luxembourg une incontestable importance et l'empressement des curieux, et du même coup soulageait la grande galerie du Louvre, qui s'accommode peu de telles séries et qui en noie l'intérêt.

« Naigeon, pour compléter son musée, recueillit à droite et à gauche un Raphaël, un Poussin, un Rembrandt, un Titien, un Ruysdael, un Terburg, un Van Velde, et la collection dura ainsi de 1803 à 1815. En 1815, les alliés, en se retirant, ont remporté le butin de nos conquêtes; il faut combler les lacunes du Louvre, et les Rubens et les Le Sueur y sont rappelés. Il ne reste plus au Luxembourg que 17 tableaux anciens, et les 17 eux-mêmes retourneront au Musée royal en 1821.

« Mais la galerie de la Chambre des Pairs ne pouvait rester sans tableaux, et de ce moment date la vraie création de notre Musée actuel. Louis XVIII ordonna que cette galerie fût consacrée aux ouvrages des artistes nationaux vivants, et le 24 avril 1818 elle se rouvrait avec 74 tableaux de l'Ecole française contemporaine. »

Notre prédécesseur, M. Elz. Naigeon, fils de l'organisateur du Musée, disait, dans un rapport adressé, le 17 janvier 1850, à M. le comte de Nieuwerkerke : « En 1818, une ordonnance royale attribua ces diverses collections (les Rubens et les Lesueur) au domaine de la couronne..... Mais en échange, le roi Louis XVIII, voulant remplacer autant que possible, dans le palais de la Chambre des Pairs, un Musée qui contribuait à son importance et vivifiait le quartier du Luxembourg, ordonna la formation, dans le même local, d'un Musée destiné aux artistes vivants, également sous l'administration de la Chambre des Pairs. » — Nous avons inutilement cherché l'ordonnance royale dans les archives du Louvre et dans le *Bulletin des Lois* à la date indiquée; l'initiative et la volonté du Roi n'en sont pas moins formellement constatées par *l'avis* suivant qui se lit en tête de « l'explication des ouvrages de peinture et sculpture de l'école moderne de France, exposés le 24 avril 1818 dans le Musée royal du Luxembourg, destiné aux artistes vivants, » avis qui fut répété dans chaque édition du Livret jusqu'à l'année 1830 : « Le Musée du Luxembourg était originairement composé des tableaux de Rubens, représentant plusieurs sujets de l'histoire de Henri IV et de Marie de Médicis. Ils ont été réunis au Musée royal. Sa Majesté a voulu les remplacer par les ouvrages des artistes français. On devra à son goût éclairé pour les Beaux-Arts un établissement aussi intéressant pour le public qu'il est avantageux pour la gloire de l'école française. »

Bientôt, grâce à l'activité de Naigeon, on y put voir l'œuvre presque complet de David, les *Horaces*, et le *Brutus*, et la *Mort de Socrate*, prêtée par M. de Verac, et *Pâris et Hélène*, enfin les *Sabines* et le *Léonidas*.

Peut-être ne sera-t-il pas sans intérêt pour le lecteur de connaître la liste complète des artistes dont les ouvrages ont tour à tour figuré dans cette collection éminemment nationale du Luxembourg, depuis 1818 :

Peintres (livret de 1818) : Abel de Pujol, Bergeret, J.-V. Bertin, J. Bidault, Blondel, Bouton, J. Broc, Callet, D.-A. Chaudet, Ph. Chéry, Aug. Couder, Crepin, J.-L. David, Demarne, Ducis, Dunouy, Duperreux, le comte de Forbin, les frères Franque (P. et Jos.), Garnier, Girodet-Trioson, Granet, P. Guérin, Paulin Guérin, Heim, Hennequin, Mme Husson (Vve Chaudet), Landon, J.-M. Langlois, J.-A. Laurent, Le Barbier aîné, Hip. Lecomte, Mme Haudebourt-Lescot, Lethière, Mlle Mauduit (Mme Hersent), Mauzaisse, Meynier, Mongin, J.-A. Pajou, Peyron, P.-P. Prudhon, Regnault, Régnier, Revoil, Richard, Robert-Lefèvre, Ad. Roehn, Taunay, Vanbrée, Vandael, Vanderburch, Vien, Vincent, Watelet; — 1819 : Mme Benoist, Ch. Tardieu; — 1820 : Hor. Vernet, Coupin de la Couprie, Drolling, Gros, Lafond jeune,

Lemonnier, Mlle Mayer, Menjaud, Monsiau; — 1822 : Beaume, Bouhot, Eugène Delacroix, Delorme, Dubost, Cl.-M. Dubufe, Genod, Gérard, Guillemot, Hue, Lemasle, Michallon, Picot, Trezel, Turpin de Crissé, Vignaud, Vinchon; — 1823 : L. Cogniet, Daguerre, Fr. Dubois, Fragonard, Ingres, Rouget; —1824 : Redouté; — 1825 : Alaux, Coutant, De Juinne, Gosse, Granger, Gudin, Hersent, Eug. Lami, Lancrenon, Leprince, Letellier, Remond, Renoux, Saint-Evre, Schnetz, Mme Servières, Tournier, P. Delaroche, Leblanc, Sigalon, Smith, Fabre (de Montpellier), Steuben, Carle Vernet; — 1827 : Boguet; — 1828 : Court, Eug. Deveria, Forestier, Knip, Léop. Robert, A. Scheffer; — 1829 : Robert-Fleury, Ch. Langlois; — 1831 : Ponce-Camus, Thevenin, Ansiaux, Berthon, Bodinier, Bonnefond, Brascassat, Aug. de Bay, Decaisne, Duval-le-Camus père, André Giroux, Eug. Isabey, Jacquand, Larivière, Lepoittevin, Lessore, Monvoisin, Roqueplan, H. Scheffer, Vaffard; — 1833 : Ed. Bertin, Biard, Brune (Christ.), Cottrau, Dassy, Gassies, Odier, Poterlet, Rioult, Tanneur, Ziegler; — 1834 : Aligny, Berré, Dauzats, Jolivard, L. Pallière, Thomas; — 1836 : Mme Bruyère, L. Dupré, Gallait, J.-M. Gué, J. Jollivet; — 1838 : Cl. Boulanger, A. Johannot; — 1839 : Hip. Flandrin, Jacobber; — 1840 : Isabey père, J. Joyant, Philippotaux; —1842 : Caminade, Champmartin, Mme Desnos, Ch. Gleyre, L. Grosclaude, Justin-Ouvrié, Wickemberg; — 1844 : Aug. Leloir, T. de la Bouère, C.-L. Mozin, Jac. Pilliard, Signol, Dagnan, Aug. Delacroix, Aug. Glaize; — 1852 : J. Achard, J. André, Antigna, F. Barrias, H. Bellangé, K. Bodmer, Ad. Brune, L. Cabat, Al. Colin, Th. Couture, Dehodencq, Ed. Dubufe, Fauvelet, L. Fleury, Galimard, H. Garnerey, Ern. Hebert, Hesse (Alex.), Hesse (Aug.), P. Huet, Jalabert, Jeanron, Lambinet, Landelle, Lanoue, Lapito, H. Lehmann, De Mercey, Muller, Penguilly l'Haridon, Mlle Rosa Bonheur, Alph. Roehn, Ph. Rousseau, Th. Rousseau, Cam. Saglio, Saint-Jean, Sebron, Tassaert, Vauchelet, V. Vidal; - 1855 : L. Benouville, L. Coignard, Corot, M. Dumas, Eug. Giraud, Monginot, Montessuy, Ziem, Mme Herbelin; — 1858 : Anastasi, P. Baudry, J. Breton, Comte, De Curzon, Daubigny, P. Flandrin, Flers, Fortin, Français, Gendron, Gigoux, Hedouin, Laugée, Lazerges, Lecointe, Lenepveu, Matout, Place, Troyon, Bida, Mme Cavé-Boulanger, Max. David; — 1863 : Bellel, Belly, Bouguereau, Brest, Brion, Cabanel, Chasseriau, Chavet, De Coubertin, Decamps, Bl. Desgoffe, Desjobert, J. Duval-le-Camus, Fichel, Fromentin, Heilbuth, Ch. Jacque, Knaus, Laemlein, Ad. Leleux, Arm. Leleux, Ch. Marchal, H. Merle, P. Morain, Elz. Naigeon, H. Nazon, Schutzenberger, J. Tissot. A. Zo; — 1866 : Amaury-Duval, E. Appert, Berchère, Brendel, Ch. Chaplin, Cibot, J. Dauban, Duverger, Hamman, Eug. Leroux, Hect. Leroux, Meissonier, Patrois, Ranvier, Schreyer, Appian, Tourny, O. Achenbach, Busson, Chevandier de Valdrôme, J.-E. Delaunay, G. Doré, Giacomotti, Guillaumet, Hillemacher, Em. Lafon, Ribot, Richomme, Mlle Sarazin de Belmont, P. Soyer, Vetter, S. A. I. Mme la princesse Mathilde; — 1868 : Fr. Blin, Ch. Giraud, V. Giraud, Harpignies, Henner, Em. Levy, Maisiat, Ch.-H.

1.

Michel, Gust. Moreau, Pleysier, Roller, Sain, Mme de Saint-Albin, Timbal, de Tournemine, Ulmann, W. Wyld, Rochard, Troisvaux; — 1870 : J. Didier, J. Lefebvre, Alph. Legros.

Sculpteurs : Chaudet, Moitte, F.-N. Delaistre, Aug. Pajou, Ch. Dupa , Houdon, Julien, Bosio, Allegrain, Cartelier, Pradier, Cortot, Giraud, Lemoine, Petitot, Roman, Aug. Dumont, Rude, Jaley, Dantan aîné, Jacquot, Lemaire, Seurre aîné, Jouffroy, Bonnassieux, Desbœufs, Desprez, Duret, Fremiet, Gatteaux, Gruyère, Husson, Darye, Cavelier, Guillaume, Iselin, Maillet, Oliva, Michel Pascal, Schroder, G. Guitton, P. Hébert, Aimé Millet, Aizelin, Math. Moreau, Nanteuil, Perraud, Salmson, P. Dubois, Falguière, Leharivel-Durocher, Montigny, Moulin, Chapu, G. Crauk, Delorme, Farochon, Simart.

De 1852 à 1857, une salle du musée fut consacrée à l'exposition des plus remarquables estampes gravées par MM. J. Bein, Aug. Blanchard, Blery, Bridoux, Butavand, Caron, Chenay, Boucher-Desnoyers, Dien, Forster, Alph. François, J. François, Gelée, Girard, Henriquel-Dupont, P. Huet, Laugier, Marc. Lecomte, Ach. Lefèvre, Leroux, Alph. Leroy, L. Leroy, Lorichon, Ar. Louis, Ach. Martinet, Masquelier, Pollet, Potrelle, Z. Prévost, Ransonette, Rosotte, Saint-Eve, Burdet, Damour, Danguin, Daubigny, Decamps, Desperet, P. Girardet, Ch. Jacque, Leisnier, Alph. Masson, Meissonier, Ramus, Salmon, Vallot;

Ou lithographiées par MM. Aubry-Lecomte, Em. Lassalle, Eug. Leroux, Mouilleron, L. Noël, Raffet, Soulange-Teissier, Sudre, H. Baron, Hip. Bellangé, Champin, Dauzats, Eug. Delacroix, Desmaisons, Ach. Deveria, Hip. Flandrin, Français, Gavarni, J. Laurens, Cel. Nanteuil, de Rudder.

Le Luxembourg a toujours été, depuis sa destination nouvelle, un musée de passage : dans les vingt dernières années, il a même pris le caractère d'un dépôt des meilleurs ouvrages acquis par la direction des Beaux-Arts. Les œuvres des artistes que je viens de nommer l'ont traversé, les uns entrant après la mort de leurs auteurs dans le Musée du Louvre ; les autres, par le renouvellement incessant de la collection, allant décorer les grandes résidences de l'Etat, ou retournant à la direction des Beaux-Arts, qui les avaient prêtées temporairement. C'est à un titre semblable de dépôt qu'y ont paru depuis un an, certains ouvrages acquis par le dernier domaine privé et qui avaient été retirés des Tuileries et du Palais de l'Elysée en septembre 1870, pour être mis à l'abri du bombardement dans les mêmes salles blindées que les tableaux et sculptures du Luxembourg. Ils méritaient par leur valeur que notre Musée gardât le souvenir de leur passage. C'étaient : 1° le môle de Naples, d'Osw. Achenbach (salon de 1859) ; — 2° le Saint-Jean-Baptiste, de Baudry (salon de 1857) : — 3° une Sainte famille, de Bouguereau (1863) ; — 4° le Siège d'une ville par les Romains, de Brion (1861) ; — 5° les Puritaines, de Mme H. Browne (1857) ; — 6° la Naissance de Vénus, de Cabanel (1863) ; — 7° Du même, Nymphe enlevée par un faune (1861) ; —

8° Calame, le Lac des Quatre-Cantons (1855) ; — 9° Charlet, une Bataille au temps du premier Empire ; —10° Du même et terminé par Bellangé, une Halte militaire ; — 11° Courbet, paysage (exp. univ. de 1867) ; — 12° Desjobert, la Baie de Saint-Ouen, à Jersey (1863) ; — 13° Guillaumet, un Douar en Algérie ; — 14° Hébert, la Jeune fille au puits (1863) ; — Ingres, Jules César ; — 16° du même, Louis XIV et Molière ; — 17° Landelle, Femme fellah (1866) ; — Laugée, Sainte-Elisabeth de France (1865) ; —19° Ranvier, les Baigneuses (1863) ; — 20° Saint-Jean, des Raisins (1855); — 21° Salentin, Noces enfantines.

Voici maintenant en quels termes furent soumises, en 1863, à M. le Surintendant des Beaux-Arts, les deux propositions relatives: 1° à une salle à consacrer aux articles étrangers ; 2° à la durée du séjour au Luxembourg des ouvrages des artistes après leur mort :

« La France a toujours été hospitalière et généreuse aux artistes étrangers. Son ancienne Académie royale de Peinture et de Sculpture admettait parmi ses membres, et par suite à ses expositions, les plus illustres d'entre eux ; et c'est ainsi que le Louvre et Versailles possèdent certaines œuvres de la Rosalba, de Lundberg, de Panini, de Roslin, de Sergell et de tant d'autres. — Nos expositions, depuis cinquante ans, n'ont jamais cessé d'être universelles, en ce sens que toute œuvre qui s'y est présentée, signée d'un nom réputé, soit en Angleterre, soit en Belgique, soit en Allemagne, soit à Rome, soit à Madrid, y a été accueillie et étudiée avec faveur ; vous-même, Monsieur le Surintendant, n'avez clos aucun des salons qui se sont ouverts sous votre direction, sans acquérir les plus méritoires des œuvres étrangères, lesquelles ont été jusqu'ici distribuées par vous aux meilleurs musées de la province. Mais le Louvre, après la mort de ces artistes, dont les choix de l'Empereur et les encouragements de l'administration des Beaux-Arts consacraient en France la notoriété, courait risque de n'avoir, pour sa part, aucun échantillon de leur talent, et vous avez pensé avec justice qu'une salle du Luxembourg pourrait vous garder en réserve les plus précieux morceaux des artistes étrangers se produisant à nos expositions, et dont la place était marquée d'avance dans la grande histoire de l'art, que le Louvre montre et devra éternellement montrer à l'Europe. De même que le Louvre présenterait la série des écoles anciennes de tous pays, le Luxembourg offrirait aux curieux des types heureux des diverses écoles vivantes de ces mêmes nations. La France, si libérale dispensatrice de ses enseignements, et dont les grands artistes contemporains ont répandu si loin leur influence par delà nos frontières, devait d'ailleurs cette réciprocité à des voisins qui gardent avec courtoisie dans leurs galeries royales ou publiques, au milieu de leurs trésors nationaux, des tableaux choisis de nos plus excellents peintres. — Déjà un tout petit nombre d'ouvrages étrangers se trouvait, comme par hasard, mêlé aux peintures françaises de la galerie du Luxembourg ; dès que ce nombre se sera suffisamment accru pour former un groupe respectable, vous avez décidé qu'une salle leur serait consacrée auprès de nos compatriotes ; — juste gloire pour ces étrangers, précieux point d'étude pour nous.

« Une tradition que je ne trouve confirmée par aucune décision officielle, et que je vois tout au contraire violée régulièrement à la mort de chacun des artistes un peu renommés de notre siècle, prétendait que « dix ans seulement après la mort de leurs auteurs, les ouvrages les plus remarquables acquis pour le Luxembourg par la Liste civile et l'État, seraient choisis pour les galeries du Louvre, où ils viendraient prendre place à côté de ceux de leurs illustres prédécessseurs et continuer l'histoire de l'art français. » — Cette tradition, Monsieur le Surintendant, je crois fermement qu'elle était saine et bonne, et au point de vue de l'absolue justice, je trouve que son délai n'avait rien d'exagéré. Dix années sont un bien court espace quand il s'agit de mûrir le jugement de la postérité ; et, humilier par des œuvres médiocres l'école moderne, au Louvre, où le diapason est si haut, n'est ni nécessaire, ni patriotique. Le Luxembourg est la salle d'attente du Louvre : de là l'intérêt immense et passionné qu'ont les artistes à voir leurs œuvres admises dans cette galerie ; de là aussi les efforts non moins passionnés et impatients de la famille et des amis de l'artiste mort pour faire franchir à ses ouvrages la barrière qui les sépare de la suprême consécration, j'allais dire de l'apothéose. Entre l'illusion profondément respectable et touchante des enfants de l'artiste ou des élèves qui vivent de ses principes, et le travail d'impartiale équité qui s'opère lentement dans le goût du public, un terme était à trouver ; la tradition, à mon avis, ne se trompait guère : dix ans suffisent à peine pour dégager la valeur vraie d'un peintre, de l'engouement passager de son époque ou de la séduction de ses qualités ou de ses amitiés humaines ; d'autre part, il est tels artistes qui tiennent une si haute place dans l'école de leur temps, que l'acclamation universelle semble leur ouvrir à deux battants les portes du Louvre, et vous avez jugé que pour établir une loi praticable et désormais respectée, il valait mieux abréger l'épreuve, quitte à bien défendre l'entrée de votre galerie nouvelle, et à faire entendre aux artistes que si beaucoup sont appelés ici, quelques-uns seulement doivent être élus là-bas. La suprême noblesse de l'art et l'austère sévérité de son histoire le veulent ainsi. »

Le Musée du Luxembourg ne peut prévoir sans douleur le jour trop prochain où le Louvre, qui a le droit de les réclamer, lui retirera les œuvres des maîtres morts depuis un certain nombre d'années, et qui illustrent encore ses galeries. Je ne sais ce que l'école vivante donnera à notre Musée pour combler les vides laissés alors par le départ des Ingres, des Delacroix, des Vernet, des Heim, des Decamps, des Delaroche, des Scheffer, des Deveria, des Flandrin, des Brascassat, des Th. Rousseau, des P. Huet, des Troyon, des Saint-Jean, des Roqueplan, etc., etc.; mais tel qu'il est aujourd'hui, à cette dernière heure, en songeant qu'il contient encore la fleur de ces admirables artistes, qui triomphèrent d'une manière si éclatante aux grands concours universels de 1855 et de 1867, nous pouvons dire sans vanité que nulle école contemporaine n'en peut offrir un pareil au monde.

Le Conservateur du Musée du Luxembourg,

23 mars 1872.   Ph. DE CHENNEVIÈRES

BIBLIOGRAPHIE

DES

NOTICES DES PEINTURES ET SCULPTURES

EXPOSÉES AU MUSÉE DU LUXEMBOURG

DEPUIS 1750 JUSQU'EN 1871.

---

1. — Catalogue des tableaux du Cabinet du Roy, au Luxembourg, dont l'arrangement a été ordonné, sous le bon plaisir de Sa Majesté, par M. de Tournehem, directeur général des bâtiments, jardins, arts et manufactures de S. M.; mis en ordre par les soins du sieur Bailly, garde des tableaux du Roy. L'ouverture s'en fera le 14 octobre de la présente année, les mercredi et samedi de chaque semaine, depuis neuf heures du matin jusqu'à midi, jusqu'à la fin d'avril 1751, et depuis le premier may 1751 jusqu'au mois d'octobre suivant; on n'y entrera qu'à trois heures après midi jusqu'à six heures du soir. —A Paris, de l'imprimerie de Prault père, quai de Gèvres, au Paradis. — M. DCC. L. — Avec permission. — In-12 de 47 pages et 96 numéros, sans y compter la galerie de Rubens. — Le permis d'impression est du 11 octobre.

2. — Catalogue des tableaux du Cabinet du Roy, au Luxembourg; quatrième édition, revue et corrigée. — Paris, de l'imprimerie de Prault père, quai de Gèvres, au Paradis. — M. DCC. LI. — In-12, 44 pages, vj pages d'avertissement, 96 numéros, non compris les 21 tableaux de Rubens. (Il est évident qu'il existe une 2ᵉ et une 3ᵉ édition, que nous n'avons pas encore pu nous procurer.)

3. — Catalogue des tableaux du Cabinet du Roy, au Luxembourg; nouvelle édition, revue, corrigée et augmentée de nouveaux tableaux. — A Paris, de l'imprimerie de Pierre-Alexandre Le Prieur, imprimeur du Roy, rue Saint-Jacques, à l'Olivier.— M. DCC. LXI. —Avec permission.—In-12 de 48 pages, vj pages d'avertissement, 109 numéros, sans compter la galerie des Rubens.

4 — Même titre. — In-12 de 48 pages et 110 numéros, formant 28 pages. — 1762.

5. — Catalogue des tableaux du Cabinet de Roy, au Luxembourg ; nouvelle édition, revue, corrigée et augmentée de nouveaux tableaux. — Paris, de l'imprimerie de Pierre-Alexandre Le Prieur, imprimeur du Roy, rue Saint-Jacques, à l'Olivier. — 1768. — In-12, 48 pages, sans compter l'avertissement de 4 pages ; 110 numéros, non compris les 21 tableaux de la galerie de Rubens.

6. — Catalogue des tableaux du Cabinet du Roy, au Luxembourg ; nouvelle édition, revue, corrigée et augmentée de nouveaux tableaux. — A Paris, de l'imprimerie de Clousier, rue Saint-Jacques. — M. DCC. LXXIX. — Avec permission. — In-12 de 48 pages, 110 numéros.

7. — Explication des tableaux, statues, bustes, etc., composant la galerie du palais du Sénat, rétablie par ordre du Sénat conservateur. Elle comprend : la galerie de Rubens ; le petit cloître des chartreux, de Le Sueur ; les ports de France, par Vernet, avec la suite par le cit. Huc. — Prix, 75 cent. — A Paris, de l'imprimerie de P. Didot l'aîné, imprimeur du Sénat, aux galeries du Louvre. An XI. — M. DCCC. III. — In-12, 62 pages, 109 numéros.

8. — Explication des tableaux, statues, bustes, etc., composant la galerie du Sénat conservateur, rétablie par ses ordres............... An XII. — M. DCCC. IV. — In-12 de 71 pages, 117 numéros. (Le numérotage est entièrement changé. — Il existe deux tirages : dans le premier, les pages 29 et 30 sont blanches, et ne renferment pas, comme dans le second, la description du tableau allégorique consacré à la mémoire de Le Sueur.)

9. — Explication des tableaux, statues, bustes, etc., composant la galerie du Sénat conservateur, rétablie par ses ordres. Elle comprend : la galerie de Rubens ; le petit cloître des chartreux, de Le Sueur ; les ports de France, par Vernet, avec la suite par M. Huc. — Prix, 75 cent. — Au profit de l'établissement. — A Paris, de l'imprimerie de P. Didot l'aîné, imprimeur du Sénat, rue du Pont-de-Lodi. — M. DCCC. VI. — In-12 de 71 pages, 120 numéros.

10. — Explication des tableaux, statues, bustes, etc., composant la galerie du Sénat conservateur, rétablie par ses ordres. Elle comprend : la galerie de Rubens ; le petit cloître des chartreux, de Le Sueur ; les ports de France, par Vernet, avec la suite par M. Huc. — Prix, 75 cent. — Au profit de l'établissement. — A Paris, de l'imprimerie de P. Didot l'aîné, imprimeur du Sénat, rue du Pont-de-Lodi. — M. DCCC. XI. — In-12 de 72 pages, 121 numéros.

11. — Explication des tableaux, statues, bustes, etc., composant les galeries du palais de la Chambre des pairs de France. Elle comprend la galerie de Rubens ; le petit cloître des chartreux, de Le Sueur ; les ports de France, par Vernet, avec la suite, par M. Huc, etc. — Prix, 75 cent. — Au profit de l'établissement. — A

Paris, de l'imprimerie de P. Didot l'aîné, imprimeur de la Chambre des pairs de France, rue du Pont-de-Lodi, n° 6. — 1814. — In-12 de 72 pages, 121 numéros. (Cette notice est pareille à la précédente, mais porte l'écusson aux trois fleurs de lis.)

12. — Explication des tableaux, statues, bustes, etc., composant la galerie de la Chambre des pairs. Elle comprend la galerie de Rubens; le petit cloître des chartreux, de Le Sueur; les ports de France, par Vernet, avec la suite par M. Hue. — Prix, 1 fr. — Au profit de l'établissement. — Paris, de l'imprimerie de P. Didot l'aîné, imprimeur du roi, rue du Pont-de-Lodi, n° 6. — 1815. — In-12, 75 pages, 104 numéros, y compris les sculptures.

13. — Explication des tableaux, statues, bustes, etc., composant la galerie de la Chambre des pairs. Elle comprend la galerie de Rubens; le petit cloître des chartreux, de Le Sueur; les ports de France, par Vernet, avec la suite par M. Hue. — Prix, 1 fr. — Au profit de l'établissement. — A Paris, de l'imprimerie de P. Didot l'aîné, imprimeur du Roi, rue du Pont-de-Lodi, n° 6. — 1816. — In-12 de 74 pages, 130 numéros.

14. — Explication des ouvrages de peinture et de sculpture de l'École moderne de France, exposés le 24 avril 1818 dans le Musée royal du Luxembourg, destiné aux artistes vivants. — Prix, 1 fr. — Au profit de l'établissement. — A Paris, de l'imprimerie de P. Didot l'aîné, chevalier de l'ordre royal de Saint-Michel, imprimeur du Roi. — 1818. — In-12 de 88 pages, 112 numéros. (Les numéros 73 à 89 sont encore des tableaux anciens.)

15. — Même titre et même année, mais avec un faux-titre différent. Celui de la notice précédente porte : *Galerie royale du Luxembourg*; celui-ci : *Musée royal du Luxembourg*, dénomination conservée dans les notices suivantes. — In-12 de 87 pages, 115 numéros. (Les tableaux anciens occupent les numéros 75 à 91.)

16. — Même titre. — 1819. — In-12 de 87 pages, 115 numéros.

17. — Même titre. — 1820. — In-12 de 82 pages, 97 numéros. (C'est le premier livret où disparaissent les tableaux anciens.)

18. — Explication des ouvrages de peinture et de sculpture de l'École moderne de France, exposés le 25 août 1822 dans le Musée royal du Luxembourg, destiné aux artistes vivants. — Prix, 1 fr. — Au profit de l'établissement. — A Paris, de l'imprimerie de J. Didot l'aîné, rue du Pont-de-Lodi, n° 6. — 1822. — In-12 de 86 pages, 127 numéros.

19. — Explication des ouvrages de peinture et de sculpture de l'École moderne de France, exposés le 25 mai 1823 dans le Musée royal du Luxembourg, destiné aux artistes vivants. — Prix, 1 fr. — Au profit de l'établissement. — A Paris, de l'imprimerie de J. Didot l'aîné, rue du Pont-de-Lodi, n° 6. — 1823. — In-12 de 84 pages, 140 numéros.

20. — Explication des ouvrages de peinture et de sculpture de l'École moderne de France, exposés depuis le 25 mai 1823 dans le Musée royal du Luxembourg, destiné aux artistes vivants. — Prix, 1 fr. — Au profit de l'établissement. — A Paris, imprimerie de J. Didot aîné, rue du Pont-de-Lodi, n° 6. — 1824. — In-12 de 84 pages 140 numéros.

21. — Explication des ouvrages de peinture et de sculpture de l'École moderne de France, exposés depuis le 1er mars 1825 dans le Musée royal du Luxembourg, destiné aux artistes vivants. — Prix, 1 fr. — A Paris, imprimerie de J. Didot aîné, rue du Pont-de-Lodi, n° 6. — 1825. — In-12 de 87 pages, 157 numéros. (On fit dans la même année une nouvelle édition de cette notice, avec le même titre, quoique différente de la première. Cette deuxième édition a 78 pages et 158 numéros.)

22. — Même titre. — 1827. — In-12 de 75 pages et 160 numéros.

23. — Explication des ouvrages de peinture et de sculpture de l'École royale de France dans le Musée royal du Luxembourg, destiné aux artistes vivants. — Prix, 1 fr. — Paris, imprimerie de Jules Didot l'aîné, rue du Pont-de-Lodi, n° 6. — Juin 1828. — In-12 de 72 pages et 148 numéros (en comptant le dernier ouvrage non numéroté).

24. — Même titre avec la date. — 1er novembre 1828. — In-12 de 78 pages et 147 numéros.

25. — Même titre. — 1er novembre 1829. — In-12 de 75 pages et 145 numéros.

26. — Même titre. — 1er mai 1830. — In-12 de 75 pages et 148 numéros.

27. — Explication des ouvrages de peinture et de sculpture de l'École moderne de France, exposés dans le Musée royal du Luxembourg, destiné aux artistes vivants. — Prix, 1 fr. — Paris, Vinchon fils, et successeur de Mme veuve Ballard, imprimeur des Musées royaux, rue J.-J.-Rousseau, n° 8. — Mai 1831. — In-12 de 64 pages, 134 numéros. — C'est le premier livret sur le titre duquel apparaît en fleuron la charte de 1830.

28. — Même titre. — Octobre 1831. — In-12 de 66 pages et 158 numéros (nouvelle édition). — C'est le premier livret dans lequel on ait ajouté, à la suite de chaque ouvrage, l'année du salon où il a été exposé.

29. — Même titre. — 1833. — In-12 de 72 pages et 180 numéros.

30. — Même titre. — 1834. — In-12 de 68 pages et 170 numéros.

31. — Même titre. — 1836. — In-12 de 70 pages et 173 numéros.

32. — Même titre. — 1836. — In-12 de 72 pages et 175 numéros.

33. — Même titre. — 1839. — In-12 de 75 pages, 175 numéros, et un supplément de 176 à 182.

34. — Même titre.— 1840.— In-8° de 48 pages et 176 numéros.— C'est la première notice où la charte de 1830 disparaît du titre; elle commence la série de celles tirées in-8°, en beaux caractères et sur beau papier. Depuis cette époque il n'y a plus, à proprement parler, de nouvelles éditions, mais des tirages successifs avec des suppléments.

35. — Même titre. — 1840. — In-8° de 48 pages et 176 numéros; plus, un supplément de 6 pages, comprenant les n°⁸ 177 à 195.

36. — Même titre. — 1844. — In-8° de 56 pages, 176 numéros, et un supplément de 177 à 205.

37. — Même titre. — 1845. — In-8° identique au précédent.

38. — Même titre. — 1851. — 64 pages, 207 numéros, avec un supplément comprenant les n°⁸ 193 à 207, et une table alphabétique des artistes dont les ouvrages sont exposés.

39. — Notice des peintures, sculptures, gravures et lithographies de l'École moderne de France, exposées dans les galeries du Musée national du Luxembourg, par Frédéric Villot, conservateur de la peinture. — Prix, 1 fr. — Paris, Vinchon, imprimeur des Musées nationaux, rue J.-J.-Rousseau, 8. — avril 1852. — In-12. — Lettre au directeur général, avertissement, introduction, ou Histoire abrégée des différentes expositions qui ont eu lieu au Luxembourg; bibliographie des notices précédentes, comprenant XXIV pages, 68 pages pour la description des objets et la table. — 285 numéros. — Il a été fait plusieurs tirages de cette édition.

40. — Notice des peintures, sculptures, gravures et lithographies de l'École moderne de France, exposées dans les galeries du Musée impérial du Luxembourg, par Frédéric Villot, conservateur de la peinture. — Prix, 1 fr. — Paris, Charles de Mourgues frères, imprimeurs des Musées impériaux, rue J.-J.-Rousseau, 8. — 1855. — In-12 de 108 pages.

41. — Notice des peintures, sculptures et dessins de l'École moderne de France, exposés dans les galeries du Musée impérial du Luxembourg, par Frédéric Villot, conservateur des peintures. — 3ᵉ édition. — Paris, Charles de Mourgues frères, imprimeurs des Musées impériaux, rue J.-J.-Rousseau, 8. — 1863. — In-12. — Lettre au directeur général; bibliographie des notices précédentes; décoration de la galerie et des salles du Musée du Luxembourg, comprenant XVIII pages, et 52 pages; 240 numéros.

42. — Notice des peintures, sculptures et dessins de l'École moderne de France, exposés dans les galeries du Musée impérial du Luxembourg. — Prix : 75 centimes.— Paris, Charles de Mourgues frères, imprimeurs des Musées impériaux, rue J.-J.-Rousseau, 8.—1863.— In-12. — Lettre à M. le comte de Nieuwerkerke, surintendant des beaux-arts, par Ph. de Chennevières, conservateur-adjoint des

Musées impériaux, chargé du Musée du Luxembourg et des expositions d'art; bibliographie des notices précédentes; décoration de la galerie et des salles du Musée du Luxembourg, comprenant xx pages, et pour la description des œuvres et la table alphabétique des artistes, 52 pages; 240 numéros.—A la suite du Salon de 1864, un premier supplément a été ajouté, du n° 241 au n° 278 (pages 53-60);— à la suite du Salon de 1865, dans les tirages de 1866 et 1867, second supplément, du n° 279 au n° 306 (pages 61-67).

43. — Même titre. — 1868. — In-12, de xx et 60 pages. — 304 numéros (numérotage nouveau). Les tirages de 1870 et 1871 sont exactement conformes à cette édition de 1868.

DÉCORATION

DE LA GALERIE ET DES SALLES

DU MUSÉE DU LUXEMBOURG.

GRANDE GALERIE.

PLAFOND.

Le tableau qui occupe le centre du plafond de la grande galerie représente le lever de l'Aurore; il a été peint par Antoine-François Callet, né à Paris en 1741, grand prix de Rome en 1764, membre de l'ancienne Académie royale de peinture en 1780, mort à Paris le 5 octobre 1823.

L'Aurore, dans un char attelé de chevaux ailés, paraît annoncer le dieu du soleil; les vents légers la suivent en versant la rosée du matin. La Nuit fuit devant le flambeau du Jour en repliant son voile, où se cachent les Songes, ses enfants; un d'entre eux répand ses pavots.

Les autres tableaux, au nombre de douze, qui sont placés dans la partie supérieure de la voûte, avant et après le tableau du milieu, représentent des figures allégoriques, ayant pour attributs les douze signes du Zodiaque. Ces tableaux sont de Jacques Jordaens, peintre flamand, élève de Rubens, né à Anvers en 1593, mort en 1678.

PREMIER TABLEAU EN ENTRANT: *le signe de la Balance* (*Septembre*). — Une femme, couronnée de fruits, tient d'une main une corne d'abondance remplie de raisins et indique le mois des vendanges; de l'autre, elle tient une balance, qui désigne qu'à cette époque l'équinoxe d'automne ramène l'égalité des jours et des nuits.

DEUXIÈME TABLEAU: *le Scorpion* (*Octobre*). — Bacchanale ou fête de Bacchus. Un jeune satyre porte sur ses épaules le vieux Silène pris de vin et tenant une grappe de raisin; ils sont tous deux couronnés de pampres. Une bacchante les suit en jouant du tambour de basque. La bacchanale désigne que dans ce mois les vignerons se réjouissent et se délassent de leurs travaux en goûtant les nouveaux fruits de la vendange. Le scorpion, que l'on voit dans la bordure, fait allusion à la malignité des maladies causées par les vents humides, chargés de vapeurs dangereuses, qui se font sentir alors.

TROISIÈME TABLEAU : *le Sagittaire (Novembre).* — Le centaure Nessus enlève Déjanire, femme d'Hercule, et traverse le fleuve Évène. Le centaure, armé de flèches, indique que ce mois, où la terre est couverte de frimas, est favorable à la chasse.

QUATRIÈME TABLEAU : *le Capricorne (Décembre).* — La nymphe Adrastéa trait la chèvre Amalthée, pour donner du lait à Jupiter enfant. On le voit près d'elle; il tient une coupe. La chèvre semble faire allusion au soleil qui, dans ce mois paraît toujours monter, ainsi que la chèvre sauvage qui se plait à gravir les rochers escarpés.

CINQUIÈME TABLEAU : *le Verseau (Janvier).* — Un jeune homme, du milieu des nuages, verse sur la terre des torrents d'eau; il désigne la saison des pluies.

SIXIÈME TABLEAU : *les Poissons (Février).* — Vénus Anadyomène et l'Amour armé de son arc, portés par des dauphins, se promènent sur les eaux que les vents agitent avec violence. Vénus et son fils sont occupés à retenir les légères draperies qui les couvrent. L'agitation de la mer et les poissons indiquent que ce mois est celui des grands vents et de la pêche.

SEPTIÈME TABLEAU : *le Bélier (Mars),* — mois où les arbres et les plantes bourgeonnent. — Mars, armé de pied en cap, tenant d'une main son épée, de l'autre secouant le flambeau de la guerre, descend du haut des rochers; un berger est près de lui qui joue de la cithare; un bélier le suit. Mars indique que ce mois est celui où les armées se mettent en campagne; le berger et le bélier, que le retour du printemps fait sortir les troupeaux des bergeries.

HUITIÈME TABLEAU : *le Taureau (Avril)* — Jupiter sous la forme d'un taureau, la tête couronnée de fleurs, enlève la nymphe Europe. Le taureau marque la force que le soleil acquiert dans ce mois, et dont la chaleur fait fleurir les arbres et les plantes; premières espérances que donnent les travaux rustiques, dont le taureau est le symbole.

NEUVIÈME TABLEAU : *les Gémeaux (Mai)*.—Deux enfants conduisent un char; Vénus y est debout; son voile flotte au gré des zéphirs; l'Amour, tenant une flèche, s'appuie sur sa mère; un des enfants attelés au char répand sur la terre des fleurs, charmes de cette belle saison. L'Amour et Vénus indiquent que, dans cette saison, toute la nature leur est soumise; les deux enfants représentent Castor et Pollux qui, suivant la fable, furent changés en la constellation dite *les Gémeaux*. Lorsque le soleil entre dans ce signe, la chaleur redouble, les jours augmentent et l'herbe des prairies prend tout son accroissement.

DIXIÈME TABLEAU : *l'Écrevisse (Juin)*. — Phaéton, à qui le dieu du jour avait confié son char, s'étant trop approché de la terre, la brûlait et y causait de terribles ravages; Jupiter, pour y mettre fin, le foudroya et le précipita dans l'Eridan. On le voit ici au moment de sa chute. Parvenu au plus haut point de sa course, le soleil entre dans le signe de l'Écrevisse, et semble comme elle aller à reculons. Dans ce mois, les moissons mûries commencent à se faire.

ONZIÈME TABLEAU : *le Lion (Juillet)*. — Hercule, vainqueur du lion de Némée, dont il porte la dépouille, se repose sur sa massue, il tient dans sa main les pommes du jardin des Hespérides, dont il a fait la conquête; près de lui est un jeune homme assis qui tient une gerbe de blé. Le lion et la force sont l'emblème de la chaleur. Chez les anciens, le lion, habitant les climats brûlants, était consacré à Vulcain, dieu du feu. Le jeune homme tenant une gerbe de blé indique que les moissons sont achevées.

DOUZIÈME TABLEAU : *la Vierge (Août)*. — Cérès, la tête couronnée d'épis, tenant d'une main une faucille et de l'autre une gerbe de blé, est assise sur son char traîné par des serpents; le jeune Triptolème, inventeur de la charrue, est à ses côtés; il tient le flambeau dont Cérès s'éclairait pendant la nuit pour chercher Proserpine, sa fille, que Pluton lui avait enlevée. Cérès, déesse des moissons, bienfaitrice de la terre, après y avoir répandu tous ses dons et avoir ainsi rempli le cercle de l'année, remonte vers l'Olympe.

XXII   DÉCORATION.

Les ornements qui décorent le plafond ont été exécutés d'après les dessins de M. de Gisors, architecte du Palais du Luxembourg, mort en 1866.

SALLES

SITUÉES A L'EXTRÉMITÉ DE LA TERRASSE

Ces salles furent construites sur une partie de l'emplacement de l'ancienne galerie de Rubens. Elles furent ensuite occupées par la collection des ports de France de Joseph Vernet et de Hue.

PLAFOND.

Ce tableau, peint de 1800 à 1804 par Jean-Simon Berthélemy, né à Laon en 1743, grand prix de Rome en 1767, membre de l'Académie royale de peinture en 1781, et mort à Paris le 1er mars 1811, représente :

Le Génie victorieux de la France, appuyé sur un faisceau, symbole de la force et de l'union, révélant à Clio, muse de l'histoire, la gloire des Français et le retour de l'ordre. Il tient dans une main, qu'il élève, la figure de la Victoire, et de l'autre une branche d'olivier.

A la clarté de son flambeau, la Philosophie, assise sur un nuage, accompagnée de la Justice et de la Félicité publique, pose sur sa tête, d'un air de satisfaction, le cercle de l'immortalité. Tandis que Clio grave sur un bouclier de bronze les hauts faits des Français, qu'Euterpe les chante en s'accompagnant de sa lyre, que Caliope célèbre par ses vers héroïques les vertus et le courage des citoyens qui ont illustré la patrie, la Renommée, planant dans les airs, les publie à l'univers. Auprès de l'Histoire on remarque les bustes de J. Vernet et de J.-J. Rousseau.— Cette peinture est signée : *Berthélemy,* an VIII et an XII.

Dans la voussure de ce plafond, décoré d'après les dessins de Chalgrin, alors architecte du Sénat, sont quatre bas-reliefs dont Berthélemy donna les sujets. Ils ont été peints par Pierre-François Lesueur, né à Paris en 1757.

Le premier représente l'Agriculture :

Cincinnatus est occupé à labourer son champ au moment où le député du Sénat de Rome lui annonce sa nomination au consulat.

Le deuxième, l'Instruction publique :

Socrate, Platon et les autres philosophes d'Athènes expliquent à leurs disciples les éléments des sciences.

Le troisième, le Fruit des victoires :

Marcellus, général des Romains, après s'être rendu maître de Syracuse, fait enlever de cette ville les monuments des sciences et des arts pour les faire servir à l'instruction et à la gloire de sa patrie.

Le quatrième, le Commerce et l'Industrie :

Neptune et Minerve, suivis de l'Abondance, déposent sur un autel l'olivier de la paix, et Mercure encourage et fait fleurir le commerce en fournissant aux citoyens laborieux les matières qu'ils mettent en œuvre sous les yeux de la déesse de l'industrie.

EXPLICATION DES ABRÉVIATIONS

EMPLOYÉES DANS CETTE NOTICE.

H. — Hauteur.
L. — Largeur.
Fig. — Figure.
Gr. nat. — Grandeur naturelle.
Demi-nat. — Demi-nature.
Pet. nat. — Petite nature.
Plus gr. que nat. — Plus grande que nature.

Nota. Presque tous les tableaux étant peints sur toile, on n'a désigné la matière que dans le cas où les peintures seraient exécutées sur bois.

MUSÉE DU LUXEMBOURG.

PEINTURE.

ACHARD (JEAN-ALEXIS), *né à Voreppe (Isère).*

1. La cascade du ravin de Cernay-la-Ville.
H. 0,83. — L. 1,83.
(Salon de 1866.)

ACHENBACH (OSWALD), *né à Dusseldorf (Prusse), élève de M. André Achenbach; chevalier de la Légion-d'Honneur en 1863.*

2. Une fête à Genazzano (États Romains.)
H. 1,37. — L. 1,11. — Fig. de 0,20.
(Salon de 1865.)

ALIGNY (CLAUDE-FÉLIX-THÉODORE CARUELLE D'), *né à Chaumes (Nièvre) en 1798, élève de Regnault et de Watelet; chevalier de la Légion-d'Honneur en 1842, membre correspondant de l'Institut en 1861, mort en 1871.*

3. Prométhée.

Prométhée vient d'être attaché sur le Caucase; un vautour lui déchire les entrailles : une fille de l'air, retirée

sous un laurier, en écarte les branches pour connaître la cause des cris que pousse le Titan, et plus loin des nymphes gémissent sur ses souffrances.
H. 2, 00. — L. 3, 00.

(Salon de 1837.)

4. La chasse ; soleil couchant.
H. 0,28. — L. 0,40.

(Salon de 1865.)

AMAURY-DUVAL (EUGÈNE-EMMANUEL), *né à Paris, élève de Ingres; chevalier de la Légion-d'Honneur en* 1845.

5. Étude d'enfant.
H. 1,28. — L. 0,85. — Fig. gr. nat.

(Salon de 1864.)

ANASTASI (AUGUSTE), *né à Paris, élève de P. Delaroche et de M. Corot; chevalier de la Légion-d'honneur en* 1868.

6. Terrasse de la Villa Pamphili (Rome) ; au fond le dôme de Saint-Pierre.
H. 0,52. — L. 1,00

(Salon de 1864.)

ANDRÉ (JULES), *né à Paris en* 1807, *élève de Watelet; chevalier de la Légion d'honneur en* 1853, *mort en* 1869.

7. Paysage : Etang des Chênes à Lagrange (Seine-et-Marne).
H. 0, 90. — L. 1,15.

(Salon de 1869.)

ANTIGNA (JEAN-PIERRE-ALEXANDRE), *né à Orléans (Loiret), élève de P. Delaroche; chevalier de la Légion-d'Honneur en* 1861.

8. Scène d'incendie.
H. 2, 65. — L. 2, 33. — Fig. gr. nat.

(Salon de 1850.)

APPERT (EUGÈNE), *né à Angers (Maine-et-Loire), en* 1814, *élève de Ingres; chevalier de la Légion-d'Honneur en* 1859, *mort en* 1867.

9. Le pape Alexandre III.

> Proscrit de Rome par l'anti-pape Calixte, il vint, déguisé en mendiant, frapper un jour à la porte d'un couvent. Reconnu aussitôt et acclamé par les moines comme le véritable Saint-Père, il leur donne sa bénédiction.

H. 1,40. — L. 1,95. — Fig. de 0,48.

(Salon de 1864.)

BARON (HENRI-CHARLES-ANTOINE), *né à Besançon (Doubs), élève de M. Gigoux ; chevalier de la Légion-d'Honneur en* 1859.

10. Les vendanges en Romagne.

H. 0,56. — L. 0,66. — Fig. de 0,20.

(Salon de 1855.)

BARRIAS (FÉLIX-JOSEPH), *né à Paris, élève de M. L. Cogniet; grand prix de Rome (Histoire) en* 1844, *chevalier de la Légion-d'Honneur en* 1859.

11. Les exilés de Tibère.

> Tibère, retiré à Caprée, se livrait à toutes sortes de turpitudes. Il ne se passait pas un seul jour, sans en excepter les jours de fêtes, qui ne fût marqué par des supplices. Il enveloppait dans la même condamnation les femmes et les enfants des accusés. On les transportait dans des îles où le feu et l'eau leur étaient interdits. (SUÉTONE, *Vie des Césars.*)

H. 2,53. — L. 4,28. — Fig. gr. nat.

(Salon de 1850.)

BAUDRY (PAUL-JACQUES-AIMÉ), *né à Napoléon-Vendée (Vendée), élève de Sartoris et de Drolling; grand prix de Rome (Histoire) en* 1850, *chevalier de la Légion-*

d'*Honneur en* 1861, *officier en* 1869; *membre de l'Institut en* 1870.

12. La Fortune et le jeune Enfant.

....
La Fortune passa, l'éveilla doucement,
Lui disant : mon mignon, je vous sauve la vie;
Soyez une autre fois plus sage, je vous prie.
(LA FONTAINE.)

H. 1, 92. — L. 1, 46. — Fig. gr. nat.

(Salon de 1857.)

BEAUMONT (CHARLES-ÉDOUARD DE), *né à Lannion (Côtes-du-Nord), élève de Boisselier.*

13. La part du capitaine.

H. 0,61. — L. 0,96. — Fig. 0,35.

(Salon de 1868.

BELLANGÉ (JOSEPH-LOUIS-HIPPOLYTE), *né à Paris en* 1800, *élève de Gros; chevalier de la Légion-d'Honneur en* 1834, *officier en* 1861, *mort en* 1866.

14. Un jour de revue sous l'Empire (1810).

L'architecture a été exécutée par Dauzats.

H. 1,00. — L. 1,62. — Fig. de 0,25.

(Salon de 1863.)

BELLEL (JEAN-JOSEPH), *né à Paris, élève de M. Justin Ouvrié; chevalier de la Légion-d'Honneur en* 1860.

15. Solitude; paysage composé.

H. 1,04. — L. 1,50.

(Salon de 1863)

16. Paysage; vue prise aux environs de Médeah (province d'Alger).

H. 0,60. — L. 0,80. — P. sur bois.

(Salon de 1869.)

BELLY (LÉON-AUGUSTE-ADOLPHE), *né à Saint-Omer (Pas-de-Calais), élève de Troyon; chevalier de la Légion-d'Honneur en* 1862.

17. Pèlerins allant à la Mecque.

H. 1,60. — L. 2,40. — Fig. de 0,40

(Salon de 1861.)

BENOUVILLE (FRANÇOIS-LÉON), *né à Paris en* 1821, *élève de Picot; grand prix de Rome (Histoire) en* 1845, *chevalier de la Légion-d'Honneur en* 1855, *mort en* 1859.

18. Saint François d'Assise, transporté mourant à Sainte-Marie-des-Anges, bénit la ville d'Assise.

H. 0,95. — L. 2,40. — Fig. demi-nat.

(Salon de 1853.)

BERCHÈRE (NARCISSE), *né à Étampes (Seine-et-Oise), élève de Renoux et de M. Rémond; chevalier de la Légion-d'Honneur en* 1870.

19. Crépuscule (Nubie Inférieure).

H. 1,00 — L. 1,43.

(Salon de 1864.)

BERTIN (FRANÇOIS-ÉDOUARD), *né à Paris en* 1797, *chevalier de la Légion-d'Honneur en* 1833, *mort en* 1871.

20. Vue d'un ermitage dans une ancienne excavation étrusque, près de Viterbe.

H. 1,25. — L. 1,72. — Fig. de 0,30.

BERTRAND (JAMES), *né à Lyon, élève de M. Périn.*

21. Mort de Virginie.

H. 0,84. — L. 1,86. — Fig. gr. nat.

(Salon de 1869.)

BIARD (françois), *né à Lyon (Rhône), élève de Révoil ; chevalier de la Légion-d'Honneur en* 1838.

22. Du Couëdic recevant les adieux de son équipage.

> Dans la journée du 7 octobre 1779, un engagement eut lieu entre la frégate française la *Surveillante* et la frégate anglaise le *Québec*. Le combat dura quatorze heures, et fut des plus meurtriers. Du Couëdic, déjà blessé deux fois, se disposait à l'abordage, quand une troisième blessure le renversa. Quelques moments après le *Québec* prit feu et sauta, couvrant de ses débris enflammés le pont de la *Surveillante*, et l'on parvint avec peine à sauver quelques Anglais.
>
> Démâtée de ses trois mâts, la frégate française fut remorquée dans la baie de Camaret. La nouvelle de son arrivée étant parvenue à Brest, MM d'Orvilliers et Duchaffaut se rendirent à bord pour honorer le vaillant officier qui avait si glorieusement défendu son pavillon. Ils firent remorquer à Brest le bâtiment, et donnèrent ordre qu'on transportât Du Couëdic à terre.
>
> Au moment où il parut sur le pont de la frégate qu'il ne devait plus revoir, les officiers et matelots lui exprimèrent leur reconnaissance pour la gloire qu'il leur avait acquise.
>
> Du Couëdic mourut des suites de ses blessures le 7 janvier 1780. (Extrait de la *Biographie des marins célèbres*).

Haut. 1,32. — L. 1,64. — Fig. 0,50.

(Salon de 1841.)

23. Le duc d'Orléans (depuis Louis-Philippe, roi des Français), descendant la grande cascade de l'Eyanpaïkka, sur le fleuve Muonio (Laponie), en septembre 1795.

H. 1,32. — L. 1,64. — Fig. de 0,40.

(Salon de 1841.)

BLIN (françois), *né à Rennes en* 1827, *élève de Picot, mort en* 1866.

24. L'Arguenon, à marée basse (Côtes-du-Nord).

H. 1,30. — L. 2,20.

(Salon de 1866.)

BODINIER (guillaume), *né à Angers, élève de P. Guérin ; chevalier de la Légion d'honneur en* 1849.

25. Famille des environs de Gaëte.

H. 1,92. — L. 2,33. — Fig. gr. nat.

(Salon de 1827.)

BODMER (karl), *né à Zurich (Suisse)*.

26. Intérieur de forêt pendant l'hiver.
    H. 0, 82. — L. 1, 01.
    (Salon de 1850.)

BONHEUR (Mlle rosa), *née à Bordeaux (Gironde), élève de son père Raymond Bonheur; décorée de la Légion-d'Honneur en* 1865.

27. Labourage nivernais; le sombrage.
    H. 1, 32. — L. 2, 60. — Fig. de 0, 27.
    (Salon de 1849.)

BOUGUEREAU (adolphe-william), *né à La Rochelle (Charente-Inférieure), élève de Picot; grand prix de Rome (Histoire) en* 1850, *chevalier de la Légion-d'Honneur en* 1859.

28. Philomèle et Progné.
    H. 1,60. — L. 1,20. — Ovale, fig. gr. nat.
    (Peint en 1861.)

BRASCASSAT (jacques-raymond), *né à Bordeaux (Gironde) en* 1804, *élève de Th. Richard et d'Hersent; chevalier de la Légion-d'Honneur en* 1837, *membre de l'Institut en* 1846, *mort en* 1867.

29. Paysage et animaux.
    H. 0, 96. — L. 1, 30.
    (Salon de 1845.)

BRENDEL (albert), *né à Berlin (Prusse)*.

30. Bergerie à Barbison.
    H. 1,15. — L. 1,45.
    (Salon de 1863.)

BREST (fabius), *né à Marseille (Bouches-du-Rhône), élève de Loubon*.

31. Les bords du Bosphore, à Bebec (Turquie d'Europe).
    H. 1,30. — L. 1,96.
    (Salon de 1863.)

BRETON (JULES-ADOLPHE), *né à Courrières (Pas-de-Calais), élève de F. Devigne et de Drolling; chevalier de la Légion-d'Honneur en* 1861, *officier en* 1867.

32. La bénédiction des blés (Artois).

H. 1,28. — L. 3,18. — Fig. de 0,46.
(Salon de 1857.)

33. Le rappel des glaneuses (Artois).

H. 0,90. — L. 1,76. — Fig. 0,50.
(Salon de 1859.)

34. Le soir.

H. 0,88. — L. 1,06. — Fig. demi-nat.
(Salon de 1861.)

BRION (GUSTAVE), *né à Rothau (Vosges), élève de Gabriel Guérin; chevalier de la Légion-d'Honneur en* 1863.

35. Les pèlerins de Sainte-Odile (Alsace).

H. 1,30. — L. 2,00. — Fig. 0,55.
(Salon de 1863.)

36. La fin du Déluge.

..... La colombe revint auprès de lui vers le soir; voilà qu'une feuille arrachée d'un olivier était dans son bec; alors Noé comprit que les eaux avaient diminué sur la terre.
(*Genèse*, ch. VIII, v. 11.)

H. 0,50. — L. 1,60. — Fig. de 0,25.
(Salon de 1864.)

BUSSON (CHARLES), *né à Montoire (Loir-et-Cher), élève de MM. Rémond et Français; chevalier de la Légion-d'Honneur en* 1866.

37. Chasse au marais, dans le Berry.

H. 1,07. — L. 1,42.
(Salon de 1865.)

CABAT (LOUIS), *né à Paris, élève de Cam. Flers;*

chevalier de la Légion-d'Honneur en 1843, *officier en* 1855, *membre de l'Institut en* 1867.

38. L'étang de Ville-d'Avray.
    H. 0, 73. — L. 1, 13.
    (Salon de 1834.)

39. Un soir d'automne.
    H. 0, 97. — L. 1, 32.
    (Salon de 1852.)

CHAPLIN (CHARLES), *né aux Andelys* (*Eure*), *élève de Drolling; chevalier de la Légion-d'Honneur en* 1865.

40. Les bulles de savon.
    H. 1,15. — L. 0,90. — Demi-figure, gr. nat.
    (Salon de 1864.)

CHASSÉRIAU (THÉODORE), *né en* 1819 *à Samana* (*Amérique espagnole*), *de parents français, élève de Ingres; chevalier de la Légion-d'Honneur en* 1849, *mort en* 1856.

41. Tépidarium.
    Salle où les femmes de Pompéi venaient se reposer et se sécher en sortant du bain.
    H. 1, 70. — L. 2, 50. — Fig. demi-nat.
    (Salon de 1853.)

CHAVET (VICTOR), *né à Aix* (*Bouches-du-Rhône*), *élève de P. Revoil et de C. Roqueplan; chevalier de la Légion-d'Honneur en* 1859.

42. La Dormeuse.
    H. 0, 36. — L. 0, 26. — Fig. de 0, 30.
    (Salon de 1859.)

CHENAVARD (PAUL), *né à Lyon* (*Rhône*), *élève de Hersent, de Ingres et d'Eug. Delacroix; chevalier de la Légion-d'Honneur en* 1853.

43. Divina tragedia.
    Vers la fin des religions antiques, et à l'avénement dans le

Ciel de la Trinité Chrétienne, la Mort, aidée de l'ange de la Justice et de l'Esprit, frappe les Dieux qui doivent périr.

Au centre : le Dieu nouveau expire, les bras en croix, sur le sein du Père, dont la tête se voile dans les nuages. Au-dessus, dans le ciel séraphique, les Bienheureux se retrouvent et s'embrassent. Quelques Chérubins ailés ont les traits de la Mort, parce que celle-ci est partout.

En arrière du groupe central, apparaissent d'un côté Adam et Eve, de l'autre la Vierge et l'Enfant, figurant la Chute et la Rédemption. Plus bas, sous l'arc-en-ciel qui sert de siége au Père, d'un côté Satan lutte contre l'Ange, de l'autre le Vautour dévore Prométhée enchaîné.

Au bas : la vieille Maïa, l'Indienne, pleure sur le corps de Jupiter-Ammon et d'Isis-Cybèle à tête de vache et aux nombreuses mamelles, qui sont morts en se donnant la main et qui furent ses contemporains.

A gauche : Minerve, accompagnée du serpent qui lui fut consacré, s'arme de la tête de Méduse dont le sang a donné naissance à Pégase que monte Hercule, emblème populaire de la force poétique de l'antiquité. Le demi-dieu s'étonne devant la force morale d'un Dieu nouveau. Diane-Hecate lance ses dernières flèches contre le Christ. En arrière : Apollon écorche Marsyas, figurant, à ce qu'il semble, le triomphe de l'intelligence sur la bestialité. Au fond, dans l'ombre : Odin s'avance appuyé sur une branche de frêne, écoutant les deux corneilles qui lui disent l'une le présent, l'autre l'avenir. Il est suivi du loup Fernis toujours furieux. Près d'Odin, son fils Hemdall souffle dans son cor pour appeler les autres dieux du Nord. — Au-dessus : Les Parques sous l'astre changeant, et plus haut l'éternelle Androgyne, symbole de l'harmonie des deux natures ou principes contraires, coiffée du bonnet phrygien, et assise sur sa chimère.

A droite : Thor, armé de son lourd marteau, de son gantelet et du bouclier qui double ses forces, combat le monstre Jormoungardour ; lutte qui ne doit finir qu'avec le monde, puisqu'elle symbolise celle du bien et du mal. Bacchus et l'Amour forment une triade avec Vénus qu'ils transportent endormie. — En arrière, Mercure emporte Pandore qui s'est évanouie en ouvrant la boîte fatale. — Au-dessus : la Mort, l'Ange et l'Esprit précipitent dans l'abîme Typhon d'Egypte à la tête de chien, le noir Demiurge, persan au corps de lion, ainsi que les planètes ailées et les astres enflammés.

Dans l'angle inférieur, à droite, un spectateur placé sur un segment de la terre, en avant de la ville de Rome, indique le lieu de la vision.

H. 4,00. — L. 5,50. — Fig. gr. nat.

(Salon de 1869.)

CHENU (FLEURY), *né à Lyon (Rhône), élève de l'école des Beaux-Arts de Lyon.*

44. Les traînards ; effet de neige.
    H. 1,06. — L. 1,52. — Fig. 0,20.
    (Salon de 1870.)

CHEVANDIER DE VALDROME (PAUL), *né à Saint-Quirin (Meurthe), élève de Marilhat, de Picot et de M. Cabat ; chevalier de la Légion-d'Honneur en* 1869.

45. Côtes des environs de Marseille ; soleil couchant.
    H. 0,44. — L. 0,67.
    (Salon de 1865.)

CHINTREUIL (ANTOINE), *né à Pont-de-Vaux (Ain), élève de M. Corot ; chevalier de la Légion-d'Honneur en* 1870.

46. L'Espace.
    H. 1, 03. — L. 2, 03.
    (Salon de 1869.)

CIBOT (ÉDOUARD), *né à Paris, élève de Guérin et de Picot ; chevalier de la Légion-d'Honneur en* 1863.

47. Le gouffre, près Seineport (Seine-et-Marne).
    H. 0,65. — L. 1,02.
    (Salon de 1864.)

COIGNARD (LOUIS), *né à Mayenne (Mayenne), élève de Picot.*

48. Le repos du matin près d'une rivière.
    H. 0, 90. — L. 1, 52.
    (Salon de 1852.)

COMTE (PIERRE-CHARLES), *né à Lyon (Rhône), élève de P. Delaroche, d'H. Vernet, et de M. Robert-Fleury ; chevalier de la Légion-d'Honneur en* 1857.

49. Henri III et le duc de Guise.
    ..... Ils se rencontrent au pied du grand escalier du château de Blois, avant d'aller communier ensemble à

l'église Saint-Sauveur, le 22 décembre 1588, veille du jour où le duc de Guise fut assassiné.

H. 1,30. — L. 1,95. — Fig. 0, 60.

(Salon de 1855.)

COROT (JEAN-BAPTISTE-CAMILLE), *né à Paris, élève de Bertin; chevalier de la Légion-d'Honneur en* **1846,** *officier en* **1867.**

50. Paysage; une matinée.

H. 0, 97. — L. 1, 32. — Fig. de 0,12.

(Salon de 1851.)

COUBERTIN (CHARLES DE), *né à Paris, élève de* **Picot**; *chevalier de la Légion-d'Honneur en* **1865.**

51. Le Vendredi-Saint à Palerme (Sicile).

Un Christ en cire, couché sous une vitrine dont chaque angle montre un petit ange tenant un des instruments de la passion, est porté en procession chaque année le soir du vendredi-saint.

H. 1, 10. — L. 1, 40. — Fig. de 0,35.

(Salon de 1861.)

COUDER (LOUIS-CHARLES-AUGUSTE), *né à Paris, élève de David et de Regnault; chevalier de la Légion-d'Honneur en* **1832,** *membre de l'Institut en* **1839,** *officier de la Légion-d'Honneur en* **1841.**

52. Le lévite d'Ephraïm.

Un lévite de la tribu de Juda s'était uni en secret avec une jeune fille de Bethléem, au mépris de la loi qui le lui défendait. Il avait emmené sa compagne dans les montagnes d'Ephraïm, où il faisait sa résidence; mais celle-ci l'ayant quitté pour retourner dans sa famille, le lévite l'alla chercher et la redemanda à son père, qui lui permit de la reprendre. Après de touchants adieux, les jeunes époux partent ensemble, et s'arrêtent à Gabaa, ville de la tribu de Benjamin, ennemie de la tribu du lévite, parce qu'elle adorait le vrai Dieu. Aucun des habitants ne veut leur donner un asile; cependant un vieillard les reçoit dans sa maison; ils comptaient y passer la nuit, lorsqu'une troupe de forcenés viennent demander à grands cris qu'on leur livre le lévite. Son hôte, pour sauver le ministre du Seigneur, offre de leur amener sa fille. Sa proposition n'est point écoutée; alors le lévite livre à ces brigands sa compagne bien aimée, qui succombe bientôt victime de leur rage et de leur brutalité. Les approches du jour ayant dispersé ces barbares, l'infortunée se traîne jusqu'au logis du vieillard; elle tombe à la porte, la face contre terre et les bras étendus sur le seuil, lorsque le lévite, prêt à sortir, trouve dans cet état une épouse qu'il a pleurée toute la nuit. Les cris qu'il élève jusqu'au ciel annoncent son désespoir. Cependant il engage cette malheureuse à se lever, elle ne répond point; il la regarde, la touche; elle n'était plus. Alors il emporte son corps dans sa maison, le coupe en morceaux, qu'il envoie aux douze tribus. Tout Israël s'assemble, le lévite demande vengeance, et une armée marche contre les Benjaminites, auteurs de ce forfait. Ils sont vaincus; la ville de Gabaa devient la proie des flammes et la tribu de Benjamin périt sous l'épée d'Israël.

Le peintre a choisi le moment où le lévite retrouve son épouse expirante; le jour commence à paraître; on aperçoit, dans le fond du tableau, les coupables Benjaminites qui se retirent.

Ce tableau, exposé au salon de 1817, a partagé le prix avec le saint Etienne d'Abel de Pujol.

H. 3, 60. — L. 2, 95. — Fig. plus gr. que nat.

COUTURE (THOMAS), *né à Senlis (Oise), élève de Gros et de P. Delaroche; chevalier de la Légion-d'Honneur en 1848.*

53. Les Romains de la décadence.

« .... Sævior armis,
« Luxuria incubuit, victumque ulciscitur orbem. »

(JUVÉNAL, satire VI.)

« .... Plus cruel que la guerre, le vice s'est abattu sur Rome, et venge l'univers vaincu. »

H. 4, 60. — L. 7, 70. — Fig. gr. nat.

(Salon de 1847.)

CURZON (PAUL-ALFRED DE), *né à Poitiers (Vienne), élève de Drolling et de M. Cabat; chevalier de la Légion-d'Honneur en 1865.*

54. Psyché.

Elle revient des enfers rapportant à Vénus la boîte que lui a donnée Proserpine.

H. 1,60. — L. 0,90. — Fig. pet. nat.

(Salon de 1859.)

55. Dominicains ornant de peintures leur chapelle.

H. 0,70. — L. 1,00. — Fig. de 0,22.

(Salon de 1867).

56. Vue prise à Ostie pendant la crue du Tibre (Etats Romains).

Haut. 0,70. — L. 1,00.

(Salon de 1868.)

DAUBAN (JULES-JOSEPH), *né à Paris, élève de A. de Bay ; chevalier de la Légion-d'Honneur en* 1868.

57. Réception d'un étranger chez les trappistes.

H. 1,28. — L. 1,62. — Fig. de 0,70.

(Salon de 1864.)

DAUBIGNY (CHARLES-FRANÇOIS), *né à Paris, élève de son père et de P. Delaroche; chevalier de la Légion-d'Honneur en* 1859.

58 Écluse dans la vallée d'Optevoz (Isère.)

H. 0,90. — L. 1,60.

(Salon de 1855.)

59. Le Printemps.

H. 0,95. — L. 1,93.

(Salon de 1857.)

DAUZATS (ADRIEN), *né à Bordeaux (Gironde) en* 1804, *élève de Gué; chevalier de la Légion-d'Honneur en* 1837; *mort en* 1868.

60. Le couvent de Sainte-Catherine au mont Sinaï, fondé en 527 par l'empereur Justinien.

Les catholiques en furent expulsés à la fin du XVIe siècle par les chrétiens grecs. Ce couvent renferme environ soixante moines et trois cents domestiques; il n'y a pas de porte; les moines ont pris cette précaution, quelque inconvénient qu'elle présentât, afin d'être toujours à l'abri d'une surprise. Les voyageurs y sont introduits par une fenêtre abritée par un auvent, au moyen d'une corde qu'on leur envoie avec un bâton au bout, ou une petite caisse.

H. 1, 30. — L. 1, 04.

(Salon de 1845.)

61. Saint-Jean-des-Rois, à Tolède, fondée en 1477, par Ferdinand V et Isabelle-la-Catholique. Vue intérieure.

H. 1, 78. — L. 1, 20. — Fig. de 0, 20.

(Salon de 1855.)

DECAMPS (ALEXANDRE-GABRIEL), *né à Paris en 1803, élève d'Abel de Pujol; chevalier de la Légion-d'Honneur en 1839, officier en 1851; mort en 1860.*

62. Saül, esquisse.

H. 0, 45. — L. 0, 80

63. La Caravane, esquisse.

H. 0, 60. — L. 1, 00.

DEHODENCQ (ALFRED), *né à Paris, élève de M. L. Cogniet; chevalier de la Légion-d'Honneur en 1870.*

64. Course de taureaux en Espagne.

H. 1, 50. — L. 2, 08. — Fig. de 0, 45.

(Salon de 1850.)

DELACROIX (FERDINAND-VICTOR-EUGÈNE), *né à Charenton (Seine), en 1798, élève de P. Guérin; chevalier de la Légion-d'Honneur en 1831, officier en 1846, commandeur en 1855, membre de l'Institut en 1857, mort en 1863.*

65. Dante et Virgile, conduits par Plégias, traversent le lac qui entoure la ville infernale de Dité.

Des coupables s'attachent à la barque et s'efforcent d'y entrer. Dante reconnaît parmi eux des Florentins.

H. 1, 80. — L. 2, 40. — Fig. demi-nat.

(Salon de 1822.)

66. Scène des massacres de Scio.

Des familles grecques attendent la mort ou l'esclavage.
H. 4, 22. — L. 3, 52. — Fig. gr. nat.

(Salon de 1824.)

67. Le 28 juillet 1830.

La Liberté guidant le peuple.

H. 2, 60. — L. 3, 25. — Fig. gr. nat.

(Salon de 1831.)

68. Femmes d'Alger dans leur appartement.

H. 1, 77. — L. 2, 27. — Fig. gr. nat.

(Salon de 1834.)

69. Noce juive dans le Maroc.

Les Maures et les Juifs sont confondus. La mariée est enfermée dans les appartements intérieurs, tandis qu'on se réjouit dans le reste de la maison. Des Maures de distinction donnent de l'argent pour des musiciens qui jouent de leurs instruments et chantent sans discontinuer le jour et la nuit; les femmes sont les seules qui prennent part à la danse, ce qu'elles font tour à tour et aux applaudissements de l'assemblée.

H. 1, 04. — L. 1, 20. — Fig. de 0, 43.

(Salon de 1841.)

DELAROCHE (PAUL), *né à Paris en* 1797, *élève de Gros; chevalier de la Légion-d'Honneur en* 1828, *membre de l'Institut en* 1832, *officier de la Légion-d'Honneur en* 1834; *mort en* 1856.

70. Mort d'Elisabeth, reine d'Angleterre, en 1603.

Elisabeth donna une bague à son favori, le comte d'Essex, à son retour de l'heureuse expédition de Cadix, en lui ordonnant de la garder comme un gage de sa tendresse, et en l'assurant que dans quelque disgrâce qu'il pût tomber, s'il la représentait alors à ses yeux, elle serait favorable à sa justification. Lorsqu'il se vit jugé et condamné, il confia cet anneau à la comtesse de Nottingham, en la priant de le remettre à la reine. Le comte de Nottingham, ennemi déclaré du duc d'Essex, exigea de sa femme qu'elle n'exécutât point la commission dont elle s'était chargée. Elisabeth, qui attendait toujours que son favori lui rappellerait ses promesses par ce dernier moyen, pour l'émouvoir en sa faveur, fut décidée enfin par le ressentiment et la politique à signer l'ordre de l'exécution. La comtesse de Nottingham tomba malade, et sentant arriver sa fin, les remords d'une si grande infidélité la troublèrent : elle supplia la reine de venir la voir, et lui révéla ce fatal secret en implorant sa clémence. Elisabeth, saisie de surprise et de fureur, traita la mourante comtesse avec l'emportement le plus extrême, s'écriant que Dieu pouvait lui pardonner, mais qu'elle ne lui pardonnerait jamais ; elle sortit avec la rage dans le cœur, et s'abandonna dès ce moment à la plus profonde mélancolie ; elle rejeta toute espèce de consolation, et refusa même de prendre des aliments ; elle se jeta par terre, y resta immobile, nourrissant ses regrets des réflexions les plus cruelles, et déclara que la vie n'était plus pour elle qu'un fardeau insupportable. Des cris étouffés, des gémissements, des soupirs furent le seul langage qu'elle se permit. Elle passa ainsi dix jours et dix nuits étendue sur son tapis et appuyée sur des coussins que ses femmes lui apportèrent ; les médecins ne purent lui persuader de se mettre au lit, et encore moins d'essayer les secours de leur art. Sa fin parut prochaine. Le Conseil s'assembla et députa le chancelier, l'amiral et le secrétaire d'Etat à la reine pour savoir ses intentions sur le choix de son successeur. Elle répondit, d'une voix défaillante, qu'ayant porté le sceptre des rois, elle voulait qu'un roi lui succédât. Cécil la pressa de s'exprimer plus positivement : « Un roi me succédera, répliqua-t-elle, et ce ne peut être que mon plus proche parent, le roi d'Ecosse. » L'archevêque de Cantorbéry l'exhorta ensuite à tourner ses pensées vers Dieu : « C'est ce que je fais et mon âme cherche à s'unir à lui pour jamais. » Peu de temps après, sa voix s'éteignit, ses sens s'affaiblirent, elle tomba dans un assoupissement léthargique qui dura quelques heures, et elle expira doucement sans aucun signe violent d'agonie, dans la soixante-dixième année de son âge et la quarante-cinquième de son règne. — On remarque le lord garde du sceau, le lord amiral, l'archevêque de Cantorbéry et le secrétaire d'Etat Cécil, qui est à genoux devant la reine.

H. 4, 20. — L. 3, 40. — Fig. plus gr. que nat.

(Salon de 1827.)

71. **Edouard V, roi mineur d'Angleterre, et Richard, duc d'York, son frère puiné.**

Ces deux princes, enfermés dans la Tour de Londres,

furent étouffés par les ordres de Richard III, leur oncle, usurpateur de leurs droits.

H. 1,80. — L. 2,12. — Fig. gr. nat.

(Salon de 1831.)

DELAUNAY (JULES-ÉLIE), *né à Nantes, élève de H. Flandrin et de L. Lamothe; grand prix de Rome (Histoire) en* 1856, *chevalier de la Légion-d'Honneur en* 1867.

72. La communion des apôtres.

(*Évangile* selon saint Mathieu, chap. XXVI.)

H. 2,78. — L. 2,02. — Fig. gr. nat.

(Salon de 1865.)

73. Peste à Rome.

« ..... Et alors apparut visiblement un bon ange, qui ordonnait au mauvais ange armé d'un épieu, de frapper les maisons, et autant de fois qu'une maison recevait de coups, autant y avait-il de morts, etc., etc. »

(JACQUES DE VORAGINE. *Légende dorée.* Légende de Saint-Sébastien.)

H. 1,32. — L. 1,77. — Fig. 0,54.

(Salon de 1869.)

DESGOFFE (ALEXANDRE), *né à Paris, élève de Ingres; chevalier de la Légion-d'Honneur en* 1857.

74. Les fureurs d'Oreste; paysage.

H. 1,65. — L. 2,20. — Fig. 0,38.

(Salon de 1857.)

DESGOFFE (BLAISE-ALEXANDRE), *né à Paris, élève de Hippolyte Flandrin.*

75. Vase d'améthyste (XVIe siècle).

H. 0,35. — L. 0,27. — P. sur bois.

(Salon de 1859.)

76. Vase de cristal de roche du XVIe siècle; escarcelle de Henri II; émaux de Jean Limosin, etc.

Objets tirés des collections du musée du Louvre.

H. 1,26. — L. 0,95. — P. sur bois.

(Salon de 1863.)

DESJOBERT (LOUIS-REMI-EUGÈNE), *né à Châteauroux (Indre) en* 1817, *élève de Jolivard et d'Aligny; chevalier de la Légion-d'Honneur en* 1863; *mort en* 1863.

77. Les Paysagistes.
H. 0,76. — L. 0.60.
(Salon de 1864.)

DESNOS (Mme LOUISE), *née à Paris, élève de Hersent.*

78. Portrait de Mme Hersent, née Mauduit.
H. 1,32. — L. 1,00.
(Salon de 1835.)

DEVÉRIA (EUGÈNE), *né à Paris en* 1805, *élève de Girodet; chevalier de la Légion-d'Honneur en* 1838; *mort en* 1865.

79. La naissance de Henri IV.

Henri d'Albret, après avoir frotté les lèvres de l'enfant avec de l'ail et lui avoir fait boire du vin de Jurançon, le présenta au peuple, et lui demanda comment il s'appellerait; on répondit d'une voix unanime : Henri, comme son grand-père.
H. 4,84. — L. 3,92. — Fig. plus gr. que nat.
(Salon de 1827.)

DIDIER (JULES), *né à Paris, élève de MM. Léon Cogniet et Jules Laurens; grand prix de Rome (Paysage historique) en* 1857.

80. Labourage sur les ruines d'Ostie; campagne de Rome.
H. 1,15. — L. 1,70.
(Salon de 1866.)

DORÉ (GUSTAVE-PAUL), *né à Strasbourg, chevalier de la Légion-d'Honneur en* 1861.

81. L'ange de Tobie.
H. 0,91. — L. 0,71. — Fig. de 0,20.
(Salon de 1865.)

DUVAL LE CAMUS (JULES-ALEXANDRE), *né à Paris, élève de Drolling et de Paul Delaroche; chevalier de la Légion-d'Honneur en* 1859.

82. Jacques Clément.

H. 2, 17. — L. 1, 45. — Fig. gr. nat.

(Salon de 1861.)

DUVERGER (THÉOPHILE-EMMANUEL), *né à Bordeaux.*

83. Le laboureur et ses enfants.

H. 0,52. — L. 0,67. — Fig. de 0,22. — P. sur bois.

(Salon de 1865.)

EHRMANN (FRANÇOIS), *né à Strasbourg, élève de M. Gleyre.*

84. Un vainqueur; panneau décoratif.

H. 3, 35. — L. 2, 47. — Fig. gr. nat.

(Salon de 1868.)

ESCALLIER (Mme ÉLÉONORE), *née à Poligny (Jura), élève de Ziegler.*

85. Les Chrysanthèmes.

H. 0, 80 — L. 0, 55.

(Salon de 1869.)

ETEX (ANTOINE), *né à Paris, élève de Dupaty, de Pradier et de Ingres; chevalier de la Légion-d'Honneur en* 1841.

86. Eurydice; dryade, nymphe des bois.

H. 1, 96. — L. 1. 47. — Fig. gr. nat.

(Salon de 1853.)

FAUVELET (JEAN), *né à Bordeaux (Gironde), élève de Lacour.*

87. Ascanio, ciseleur florentin du XVIe siècle, élève et ami de Benvenuto Cellini.

H. 0, 22. — L. 0, 17. — Fig. 0, 16. — Peint sur bois.

(Salon de 1850.)

FICHEL (EUGÈNE), *né à Paris, élève de Paul Delaroche; chevalier de la Légion-d'Honneur en* 1870.

88. L'arrivée à l'auberge.
>H. 0, 31. — L. 0, 41. — Fig. de 0, 15. — P. sur bois.
>(Salon de 1863.)

FLANDRIN (JEAN-HIPPOLYTE), *né à Lyon (Rhône) en* 1809, *élève de Ingres; grand-prix de Rome (Histoire) en* 1832, *chevalier de la Légion-d'Honneur en* 1841, *officier en* 1853, *membre de l'Institut en* 1853; *mort à Rome en* 1864.

89. Figure d'étude.
>H. 0, 98. — L. 1, 24. — Fig. gr. nat.
>(Salon de 1855.)

90. Portrait de jeune fille; étude peinte en 1863.
>H. 0, 65. — L. 0, 52.
>Légué en 1867 par M. Marcotte-Genlis.

FLANDRIN (JEAN-PAUL), *né à Lyon (Rhône), élève de Ingres; chevalier de la Légion-d'Honneur en* 1852.

91. Montagnes de la Sabine (paysage).
>H. 2, 00. — L. 1, 52. — Fig. de 0, 22.
>(Salon de 1852.)

92. La solitude, paysage.
>H. 0, 60. — L. 0, 50.

FLERS (CAMILLE), *né à Paris en* 1802, *élève de M. Pâris; chevalier de la Légion-d'Honneur en* 1849, *mort en* 1868.

93. Paysage (environs de Paris).
>H. 1, 02. — L. 1, 46.
>(Salon de 1855.)

FORTIN (CHARLES), *né à Paris en* 1815, *élève de Roqueplan et de M. Beaume; chevalier de la Légion-d'Honneur en* 1861, *mort en* 1865.

94. Le Benedicite.
> H. 0, 60. — L. 0, 48. — Fig. de 0, 18.
> (Salon de 1855.)

FRANÇAIS (LOUIS-FRANÇOIS), *né à Plombières* (*Vosges*), *élève de MM. Gigoux et Corot; chevalier de la Légion-d'Honneur en* 1853, *officier en* 1867.

95. La fin de l'hiver.
> H. 1, 00. — L. 0, 80.
> (Salon de 1853.)

96. Orphée.
> *Te, dulcis conjux...*
> *Te, veniente die, te, decedente, canebat.*
> (Virgile, *Géorgiques*.)
> H. 1, 95. — L. 1, 30. — Fig. de 0,27.
> (Salon de 1863.)

FROMENTIN (EUGÈNE), *né à La Rochelle* (*Charente-Inférieure*), *élève de M. L. Cabat; chevalier de la Légion-d'Honneur en* 1859, *officier en* 1869.

97. Courriers; pays des Ouled-Nayls, au printemps.
> H. 1, 15. — L. 1, 47. — Fig. de 0, 30.
> (Salon de 1861.)

98. Chasse au faucon en Algérie; la curée.
> H. 1,62. — L. 1, 16. — Fig. demi-nat.
> (Salon de 1863.)

GALIMARD (AUGUSTE-NICOLAS), *né à Paris, élève de Ingres et d'Aug. Hesse.*

99. L'Ode.
> L'Ode, avec plus d'éclat et non moins d'énergie,
> Elevant jusqu'au ciel son vol ambitieux,
> Entretient dans ses vers commerce avec les dieux.
> (BOILEAU, *Art poétique*.)
> H. 0, 93. — L. 0, 60. — Buste gr. nat.
> (Salon de 1846.)

GENDRON (AUGUSTE), *né à Paris, élève de P. Delaroche; chevalier de la Légion-d'Honneur en* 1855.

100. Le jour du dimanche; scène florentine au XVᵉ siècle.
H. 1, 60. — L. 2, 50. — Fig. de 0, 62.
(Salon de 1855.)

GIACOMOTTI (FÉLIX-HENRI), *né à Quingey (Doubs), élève de Picot; grand prix de Rome (Histoire) en* 1854, *chevalier de la Légion-d'Honneur en* 1867.

101. L'enlèvement d'Amymoné.
H. 2,23. — L. 1,62. — Fig. gr. nat.
(Salon de 1865.)

GIGOUX (JEAN-FRANÇOIS), *né à Besançon (Doubs), chevalier de la Légion-d'Honneur en* 1842.

102. Mort de Cléopâtre.
H. 2, 15. — L. 1, 96. — Fig. gr. nat.
(Salon de 1850.)

103. Le bon Samaritain.
(*Évangile selon saint Luc*, chap. X, v. 30 à 35.)
H. 1,28. — L. 1,87. — Fig. gr. nat.
(Salon de 1857.)

GIRAUD (CHARLES), *né à Paris, chevalier de la Légion-d'Honneur en* 1847.

104. Une salle de l'hôtel Cluny.
H. 0, 60. — L. 1, 10. — P. sur bois.
(Salon de 1867.)

GIRAUD (PIERRE-FRANÇOIS-EUGÈNE), *né à Paris, élève d'Hersent et de Richomme; chevalier de la Légion-d'Honneur en* 1851, *officier en* 1866.

105. Danse dans une posada de Grenade.
H. 1, 55. — L. 2, 25. — Fig. demi-nat.
(Salon de 1853.)

106. Une danseuse au Caire.
>H. 2,10.— L. 1,28.— Fig. gr. nat.
>(Salon de 1866.)

107. La Devisa.
>Un matadore blessé à mort, et conduit à la chapelle pour y recevoir les derniers sacrements, offre à sa maîtresse la *Devisa* qu'il vient d'enlever en tuant le taureau.
>La *Devisa* est un nœud de rubans piqué à l'épaule du taureau et indiquant sa provenance.
>H. 1, 10. — L. 1, 52. — Fig. de 0, 60.
>(Salon de 1869.)

GIRAUD (VICTOR), *né à Paris, élève de Picot et de M. Eug. Giraud; mort à l'âge de trente ans en* 1871.

108. Un marchand d'esclaves.
>H. 2, 38. — L. 4, 45. — Fig. gr. nat.
>(Salon de 1867).

GIROUX (ANDRÉ), *né à Paris, grand prix de Rome (paysage) en* 1825; *chevalier de la Légion-d'Honneur en* 1837.

109. Vue de la plaine de Grésivaudan, près Grenoble, prise des côtes de Sassenage; effet du matin.
>H. 1, 02. — L. 1, 47.
>(Salon de 1834.)

GLAIZE (AUGUSTE-BARTHÉLEMY), *né à Montpellier, élève d'Achille et d'Eugène Devéria; chevalier de la Légion-d'Honneur en* 1855.

110. Les écueils.
>H. 1,22. — L. 2,50. — Fig. de 0,60.
>(Salon de 1864.)

GLEYRE (CHARLES), *né à Chevilly, canton de Vaud (Suisse), élève d'Hersent.*

111. Le soir.
>H. 1, 37. — L. 2, 40. — Fig. demi-nat.
>(Salon de 1843.)

GOURLIER (PAUL-DOMINIQUE), *né à Paris en* 1813, *élève de M. Corot; mort à Paris en* 1869.

112. Bords du Tibre à Rome.

H. 0,60. — L. 1,20.
(Salon de 1867.)

GROS-CLAUDE (LOUIS), *né à Locle, canton de Neufchâtel (Suisse), en* 1784, *élève de Regnault; mort en* 1869.

113. Toast à la vendange de 1834.

H. 1,55. — L. 1,90. — Fig. gr. nat. à mi-corps.
(Salon de 1835.)

GUDIN (THÉODORE), *né à Paris, élève de Girodet; chevalier de la Légion d'Honneur en* 1828, *officier en* 1841, *commandeur en* 1855.

114. Coup de vent du 7 janvier 1831 dans la rade d'Alger.

A neuf heures du matin, la frégate *la Sirène*, de 60 canons, était mouillée dans la rade d'Alger, entre les batteries du Môle et le cap Matifoux. Elle se disposait à faire voile pour la France; deux chébecks chargés de troupes, commandés par le lieutenant-colonel Carcenac, étaient remorqués vers la frégate. Tout à coup un vent violent agita la mer, un courant fortement établi entraîna à la côte les chaloupes de remorque dont les rameurs faisaient d'inutiles efforts. Cependant la fureur de la mer allait toujours croissant; le commandant de la frégate, M. Charmasson, éprouvant des craintes sérieuses pour les deux chébecks, réussit, non sans peine, à y faire parvenir de fortes amarres, à l'aide desquelles ils se hâlèrent jusque près de la frégate. La vague se soulevait avec tant de violence que plusieurs embarcations furent brisées en s'approchant de son bord. L'état de la mer devenait à chaque instant plus effrayant; l'espoir d'un prochain naufrage attirait déjà vers le fort Matifoux des hordes de Bédouins; aucun secours ne pouvait être porté aux deux chébecks; le canon d'alarme se faisait entendre par intervalles, mais en vain; la mer refoulait vers le port tout ce qui songeait à en sortir. Dans cette conjoncture critique, on ne pouvait songer qu'à préserver l'équipage de *la Sirène* et ses passagers des dangers qui les attendaient sur la côte, et pendant trois jours et deux nuits que dura cette tourmente, le général Clausel avait fait garder toute la côte par de l'infanterie et de la cavalerie pour recueillir les naufragés. De son côté, le commandant Charmasson ne quittait pas sa dunette; continuellement il veillait sur le sort des deux chébecks, et plusieurs fois il réussit à leur faire passer des vivres. Pendant ce temps les chébecks et la frégate couraient les plus grands dangers, ils s'entrechoquaient à chaque instant; *la Sirène* chassait sur ses ancres, rompait ses câbles, brisait sa grande vergue endommagée déjà par une bourrasque éprouvée sous Mahon, perdait son gouvernail, et, sans son câble en chaîne qui tint bon jusqu'au bout, elle eût été infailliblement se perdre à la côte. Le zèle et la constance du commandant de *la Sirène*, le dévouement de tous les officiers et marins sous ses ordres, parvinrent à conjurer ce malheur. Sur la fin du troisième jour la mer se calma, tous les passagers furent reçus à bord, et *la Sirène* mit à la voile pour Toulon, où elle arriva sur la fin de janvier, après une heureuse traversée.

H. 2, 58. — L. 4, 18, — Fig. de 0, 40.

(Salon de 1835.)

115. Incendie du *Kent*.

Le *Kent*, vaisseau de la Compagnie des Indes, destiné pour le Bengale, ayant à son bord 532 hommes, 43 femmes et nombre d'enfants, prend feu, pendant une tempête, dans la baie de Biscaye.

Les malheureux passagers furent miraculeusement sauvés par le brick anglais *la Cambria*.

Le moment représenté est celui où l'une des embarcations reçoit les femmes et les enfants que l'état de la mer obligeait de descendre du haut de la poupe, par le moyen d'un cordage, auquel on les attachait deux à deux.

H. 2, 64. — L. 4, 20.

(Salon de 1827.)

GUILLAUMET (GUSTAVE), *né à Paris, élève de Picot et de M. Barrias.*

116. Prière du soir dans le Saharah.

H. 1,33 — L. 2,82. — Fig. de 0,35.

(Salon de 1863.)

HAMMAN (ÉDOUARD-JEAN-CONRAD), *né à Ostende (Belgique), chevalier de la Légion-d'Honneur en 1864.*

117. Enfance de Charles-Quint; une lecture d'Erasme (Bruxelles 1511).

H. 0,72. — L. 0,92. — Fig. de 0,45.

(Salon de 1863.)

HANOTEAU (HECTOR), *né à Decize (Nièvre), élève de M. Gigoux; chevalier de la Légion-d'Honneur en 1870.*

118. La Passée du grand gibier.
H. 0, 84. — L. 1, 30.
(Salon de 1869.)

HARPIGNIES (HENRI), *né à Valenciennes (Nord), élève de M. Achard.*

119. Le soir; souvenir de la campagne de Rome.
H. 0, 88. — L. 1, 26.
(Salon de 1866.)

HÉBERT (ERNEST-ANTOINE-AUGUSTE), *né à Grenoble (Isère), élève de David d'Angers et de P. Delaroche; grand prix de Rome (Histoire), en 1839, chevalier de la Légion-d'Honneur en 1853, officier en 1867, directeur de l'Académie de France à Rome en 1867.*

120. La Mal'aria.
Famille italienne fuyant la contagion (campagne de Rome).
H. 1, 35. — L. 1, 65. — Fig. de 0, 65.
(Salon de 1850.)

121. Le baiser de Judas.
H. 2, 55. — L. 1, 86. — Fig. gr. nat.
(Salon de 1853.)

122. Les Cervarolles (États-Romains).
H. 2, 88. — L. 1, 75.
(Salon de 1859.)

HÉDOUIN (EDMOND), *né à Boulogne-sur-Mer (Pas-de-Calais), élève de M. Célestin Nanteuil.*

123. Glaneuses à Chambaudoin (Loiret).
H. 1, 52. — L. 2, 60. — Fig. de 0, 35.
(Salon de 1857.)

HEILBUTH (FERDINAND), *né à Hambourg (ville hanséatique); chevalier de la Légion-d'Honneur en* 1861.

124. Le Mont-de-Piété.

H. 1, 06. — L. 1, 32. — Fig. de 0,40.

(Salon de 1861.)

HEIM (FRANÇOIS-JOSEPH), *né Belfort (Haut-Rhin) en* 1787, *élève de Vincent; grand prix de Rome (Histoire) en* 1807, *chevalier de la Légion-d'Honneur en* 1825, *officier en* 1855, *membre de l'Institut en* 1829, *mort en* 1865.

125. Sujet tiré de l'*Histoire des Juifs*, par JOSÈPHE.

Sur la foi des faux prophètes, un nombre considérable d'hommes, de femmes et d'enfants s'étaient réfugiés dans une des cours du temple de Jérusalem, croyant être épargnés; mais ils furent tous massacrés. Un Juif cherche à défendre sa femme et son enfant renversés par un soldat furieux, et foulés aux pieds de son cheval.

H. 3, 92. — L. 4, 60. — Fig. plus gr. que nat.

(Salon de 1824.)

126. Le roi Charles X, distribuant des récompenses aux artistes à la fin de l'exposition de 1824.

Le moment représenté est celui où Cartellier reçoit du roi le cordon de Saint-Michel; Carle Vernet vient de recevoir le sien.

H. 1, 72. — L. 2, 58. — Fig. de 0, 54.

(Salon de 1827.)

HENNER (JEAN-JACQUES), *né à Bernwiller (Haut-Rhin), élève de Drolling et de Picot; grand prix de Rome (Histoire) en* 1858.

127. La chaste Suzanne.

H. 1, 85. — L. 1, 30. — Fig. gr. nat.

(Salon de 1865.)

HESSE (ALEXANDRE-JEAN-BAPTISTE), *né à Paris, élève de*

Gros; chevalier de la Légion-d'Honneur en 1842, *officier en* 1868, *membre de l'Institut en* 1867.

128. Triomphe de Pisani.

« En 1379, Vittore Pisani, qui commandait la flotte vénitienne, ayant été défait par les Génois à la bataille de Pola, fut mis en prison par ordre du sénat de Venise ; mais bientôt de nouveaux désastres éprouvés par la république, et l'approche des ennemis qui vinrent bloquer la ville, amenèrent une réaction en faveur de l'illustre prisonnier. Oubliant la dernière défaite de Pisani pour ne se rappeler que ses victoires, le peuple court à sa prison, brise ses fers et le porte en triomphe en demandant à marcher sous les ordres de son ancien chef. En entendant crier de tous côtés : *Vive Pisani!* il se retourne vers le peuple et lui dit : *De vrais Vénitiens ne doivent crier que vive saint Marc!* » (MARIN SANUTO, MICHELI et DARU, *Histoire de Venise.*)

H. 1, 70. — L. 2, 52. — Fig. de 0, 52.

(Salon de 1847.)

HESSE (NICOLAS-AUGUSTE), *né à Paris en* 1795, *élève de Gros; grand prix de Rome en* 1818, *chevalier de la Légion-d'Honneur en* 1840, *membre de l'Institut en* 1863, *mort en* 1869.

129. Évanouissement de la Vierge.

La Vierge, à la vue de son Fils qui va disparaître dans le sépulcre, vaincue par la douleur, tombe évanouie dans les bras de Marie-Madeleine et de l'autre Marie.

H. 1, 17. — L. 0, 90. — Fig. demi-nat.

(Salon de 1845.)

HILLEMACHER (EUGÈNE-ERNEST), *né à Paris, élève de M. Léon Cogniet; chevalier de la Légion-d'Honneur en* 1865.

130. Un confessionnal de Saint-Pierre de Rome, le jour de Pâques.

H. 0,65. — L. 1,05. — Fig. 0,30.

(Salon de 1855.)

HUET (PAUL), *né à Paris en* 1804, *élève de Guérin et de*

Gros; chevalier de la Légion-d'Honneur en **1841,** *mort en* **1868.**

131. Inondation à Saint-Cloud.
H. 2, 04. — L. 3, 04.
(Salon de **1855.**)

INGRES (JEAN-AUGUSTIN-DOMINIQUE), *né à* **Montauban** (*Tarn-et-Garonne*) *en* **1780,** *élève de David ; grand prix de Rome en* **1801,** *chevalier de la Légion-d'Honneur en* **1824,** *membre de l'Institut en* **1825,** *officier de la Légion-d'Honneur en* **1826,** *directeur de l'Académie de France à Rome en* **1834,** *commandeur de la Légion-d'Honneur en* **1845,** *grand officier en* **1855,** *sénateur en* **1862,** *mort en* **1867.**

132. Jésus-Christ donne à saint Pierre les clefs du paradis en présence des apôtres, et dit :

« XVIII. Et moi aussi je vous dis que vous êtes Pierre, et que sur cette pierre je bâtirai mon église, et les portes de l'enfer ne prévaudront point contre elle.

« XIX. Et je vous donnerai les clefs du royaume des cieux ; et tout ce que vous lierez sur la terre sera aussi lié dans les cieux. »

(*Évangile* selon saint Mathieu, chap. XVII.)
H. 2, 78. — L. 2, 15. — Fig. gr. nat.
(Peint à Rome en **1820.**)

133. Roger délivrant Angélique.

Roger, monté sur un hippogriffe, plonge sa lance dans la gueule du monstre qui est sur le point de dévorer Angélique enchaînée à un rocher. (Sujet tiré de l'ARIOSTE.)
H. 1, 43. — L. 1, 90 — Fig. demi-nat.
(Salon de **1819.**)

134. Chérubini ; portrait historique.

La muse de la musique étend sa main protectrice au-dessus de la tête du compositeur.
H. 1, 05. — L. 0, 94. — Buste gr. nat.
(Peint en **1842.**)

135. Homère déifié.

Homère reçoit l'hommage de tous les grands hommes de la Grèce, de Rome et des temps modernes. L'Univers le couronne; Hérodote fait fumer l'encens; l'Iliade et l'Odyssée sont à ses pieds.

H. 3, 86. — L. 5, 15 — Fig. gr. nat.

(Tableau exécuté pour le plafond de la neuvième salle du musée Charles X, au Louvre, inauguré en 1827.)

136. Jeanne d'Arc.

Jeanne assiste au sacre de Charles VII, dans la cathédrale de Reims; elle est accompagnée de son écuyer Doloy, de son aumônier Jean Paquerel, religieux augustin, et de ses pages.

H. 2,40. — L. 1,78. — Fig. gr. nat.

(Peint en 1854.)

137. Naissance de Vénus Anadyomène.

Répétition en petit, peinte vers 1858, du tableau qui figura à l'Exposition universelle de 1855. Le tableau original, commencé à Rome en 1808, et terminé à Paris en 1848, appartient à M. Fréd. Reiset.

H. 0, 31. — L. 0, 20. — Peint sur carton.

Légué en 1867 par M. Marcotte-Genlis.

138. La Source.

Répétition en petit, peinte vers 1860, du tableau commencé à Rome en 1814, et terminé à Paris en 1856. Le tableau original fut acquis par M. le comte Duchâtel.

H. 0, 25. — L. 0, 13. — P. sur bois.

Légué en 1867 par M. Marcotte-Genlis.

139. Portrait de M. Philibert Rivière, maître des requêtes, mort à Paris en 1816.

H. 1,16. — L. 0,90. — Fig. jusqu'aux genoux, gr. nat.

Peint en l'an XIII.

140. Portrait de Mme Rivière (née Beauregard), femme de M. Philibert Rivière, maître des requêtes, morte à Paris en 1848.

H. 1, 16. — L. 0, 90. — Ovale, fig. à mi-corps, gr. nat.

141. Portrait de Mlle Rivière, fille de M. Philibert Rivière, maître des requêtes, morte à l'âge de 15 ans.

H. 1, 00. — L. 0, 70. — Fig. jusqu'aux genoux, gr. nat.

Ces trois portraits ont été légués par Mme veuve Rivière, née Robillard, belle-fille de M. et Mme Phil. Rivière.

ISABEY (LOUIS-GABRIEL-EUGÈNE), *né à Paris, élève de son père J.-B. Isabey; chevalier de la Légion-d'Honneur en 1832, officier en 1852.*

142. Embarquement de Ruyter et William de Witt.
    H. 2, 20. — L. 3, 30. — Fig. de 0, 18.
    (Salon de 1850.)

JACQUAND (CLAUDIUS), *né à Lyon (Rhône), élève de l'École de Lyon; chevalier de la Légion-d'Honneur en 1839.*

143. Dernière entrevue de Charles Ier avec ses enfants.
    C'étaient la princesse Élisabeth, le duc de Glocester et le duc d'York... Prenant sur ses genoux le petit duc de Glocester : « Mon enfant, lui dit-il gravement, ils vont couper la tête à ton père !... »
    H. 2, 15. — L. 1, 55. — Fig. gr. nat.
    (Salon de 1855.)

JACQUE (CHARLES-ÉMILE), *né à Paris; chevalier de la Légion-d'Honneur en 1867.*

144. Troupeau de moutons dans un paysage.
    H. 1, 72. — L. 2, 82.
    (Salon de 1861.)

JALABERT (CHARLES-FRANÇOIS), *né à Nîmes (Gard), élève de P. Delaroche; chevalier de la Légion-d'Honneur en 1855, officier en 1867.*

145. Virgile, Horace et Varius chez Mécène.
    Virgile lit ses *Géorgiques*.
    H. 2,30. — L. 2, 90. — Fig. gr. nat.
    (Salon de 1847).

JEANRON (PHILIPPE-AUGUSTE), *né à Boulogne-sur-Mer (Pas-de-Calais), élève de Souchon; chevalier de la Légion-d'Honneur en 1855.*

146. Les bergers; vue du port abandonné d'Ambleteuse, près Boulogne.
    H. 1, 60. — L. 2, 17. — Fig. de 0, 21.
    (Salon de 1850.)

KNAUS (louis), *né à Wiesbaden (duché de Nassau), élève de l'académie de Dusseldorf; chevalier de la Légion-d'Honneur en* 1859, *officier en* 1867.

147. La promenade.
H. 0,97. — L. 0, 75. — Fig. de 0,50.
(Salon de 1855.)

KREYDER (alexis), *né à Andlau (Bas-Rhin), élève de MM. Laville, Zipelius et Fuchs.*

148. Offrande à Bacchus.
H. 1, 00. — L. 0, 77.
(Salon de 1865.)

LAEMLEIN (alexandre), *né à Hokenfeld (Bavière), en en* 1813, *élève de Picot; mort en* 1871.

149. La Charité.
H. 2, 25. — L. 1, 40. — Fig. gr. nat.
(Salon de 1846.)

LAFON (jacques-émile), *né à Périgueux (Dordogne), élève de P Delaroche; chevalier de la Légion-d'Honneur en* 1859.

150. Saint Jean de Dieu, fondateur de l'ordre des hospitaliers de ce nom.
Le Christ apparaît à saint Jean de Dieu sous la figure d'un pauvre, et lui dit, après avoir été l'objet de ses soins : « ce que tu as fait à ce pauvre, c'est à moi que tu l'as fait. »
H. 1,48. — L. 1,70. — Fig. gr. nat.
(Salon de 1865.)

151. Jésus au milieu des docteurs.
H. 0, 65. — L. 1, 12. — Fig. 0. 32. — P. sur bois.
(Salon de 1867.)

LAMBINET (emile), *né à Versailles (Seine-et-Oise), élève de Drolling et d'Horace Vernet; chevalier de la Légion-d'Honneur en* 1867.

152. Paysage.
H. 0, 94. — L. 1, 50.
(Salon de 1855.)

LANDELLE (charles), *né à Laval (Mayenne), élève de P. Delaroche; chevalier de la Légion-d'Honneur en* 1855.

153. Le pressentiment de la Vierge.

H. 1, 43. — L. 1, 18. — Fig. gr. nat. — P. sur bois.

(Salon de 1859.)

LANOUE (félix-hippolyte), *né à Versailles (Seine-et-Oise) en* 1812, *élève de V. Bertin et d'Horace Vernet; grand prix de Rome (Paysage) en* 1841, *chevalier de la Légion-d'Honneur en* 1864, *mort en* 1872.

154. Vue de la forêt de pins du Gombo, cascines de Pise.

H. 0,75. — L. 1, 50.

(Salon de 1861.)

155. Vue du Tibre, prise de l'Aqua-Acetosa ; campagne de Rome.

H. 0,75. — L. 1,50.

(Salon de 1864.)

LANSYER (emmanuel), *né à l'Ile-Bouin (Vendée), élève de MM. Viollet-Leduc, Courbet et Harpignies.*

156. Paysage : le château de Pierrefonds.

H. 1, 32. — L. 1, 96.

(Salon de 1869.)

LAPITO (louis-auguste), *né à Saint-Maur, près Paris, élève de Heim et Watelet; chevalier de la Légion-d'Honneur en* 1836.

157. Vue prise dans la forêt de Fontainebleau, lieu dit les Quatre-Fils-Aymon.

H. 1, 07. — L. 1, 62.

(Salon de 1846.)

PEINTURE. 35

LAUGÉE (DÉSIRÉ-FRANÇOIS), *né à Maromme (Seine-Inférieure), élève de Picot; chevalier de la Légion-d'Honneur en* 1865.

158. Eustache Le Sueur chez les chartreux.
H. 1, 74. — L. 2, 40. — Fig. 0, 78.
(Salon de 1855.)

159. La Récolte des œillettes (Picardie).
H. 1, 32. — L. 2, 15. — Fig. 0, 60.
(Salon de 1861.)

LAZERGES (JEAN-RAYMOND-HIPPOLYTE), *né à Narbonne (Aude), élève de Bouchot; chevalier de la Légion-d'Honneur en* 1867.

160. Descente de croix.
H. 1, 38. — L. 0, 98. — Fig. 0, 68.
(Salon de 1855.)

LECOINTE (CHARLES-JOSEPH), *né à Paris, élève de Picot et d'Aligny; grand prix de Rome (Paysage) en* 1849.

161. Le Figuier maudit; paysage.
(*Évang.* selon S. **MATHIEU**.)
H. 2, 10. — L. 1, 64.
(Salon de 1855.)

LEFEBVRE (JULES-JOSEPH), *né à Tournon (Seine-et-Marne), élève de M. L. Cogniet; grand prix de Rome (Histoire)* 1861; *chevalier de la Légion-d'Honneur en* 1870.

162. Nymphe et Bacchus.
H. 1, 90. — L. 1, 35. — Fig. gr. na
(Salon de 1866.)

LEGROS (ALPHONSE), *né à Dijon (Côte-d'Or), élève de M. Lecocq de Boisbaudran.*

163. Une amende honorable.
H. 1, 78, — L. 1, 72. — Fig. pet. nat.
(Salon de 1868.)

LEHMANN (CHARLES-ERNEST-RODOLPHE-HENRI) , *né à Kiel (Holstein), élève de son père et de Ingres; chevalier de la Légion-d'Honneur en* 1846, *officier en* 1853, *membre de l'Institut en* 1864.

164. Désolation des Océanides au pied du roc où Prométhée est enchaîné.
(ESCHYLE, *Prométhée enchaîné.*)
H. 2, 55. — L. 1, 97. — Fig. demi-nat.
(Salon de 1850.)

LELEUX (ADOLPHE), *né à Paris; chevalier de la Légion-d'Honneur en* 1855.

165. Une Noce en Bretagne.
H. 1, 35. — L. 2, 04. — Fig. 0, 40.
(Salon de 1863.)

LELEUX (ARMAND), *né à Paris, élève de Ingres; chevalier de la Légion-d'Honneur en* 1860.

166. Intérieur de la pharmacie du couvent des Capucins, à Rome.
H. 0, 33. — L. 0, 46. — Fig. 0, 20.
(Salon de 1863.)

LENEPVEU (JULES-EUGÈNE) , *né à Angers (Maine-et-Loire), élève de Picot; grand-prix de Rome (Histoire) en* 1847; *chevalier de la Légion-d'Honneur en* 1862, *membre de l'Institut en* 1869.

167. Les martyrs aux catacombes.
H. 1, 70. L. 3, 36. — Fig. 0, 90.
(Salon de 1855.)

LEROUX (EUGÈNE), *né à Paris, élève de Picot.*

168. Le nouveau-né, intérieur bas-breton.
H. 1, 00 — L. 1, 30. — Fig. de 0, 60.
(Salon de 1864.)

LEROUX (HECTOR), *né à Verdun (Meuse), élève de Picot.*

169. Funérailles au columbarium de la maison des Césars, porte Capène à Rome.

H. 1,40. — L. 1,00 — Fig. de 0,50.
(Salon de 1864.)

LÉVY (ÉMILE), *né à Paris, élève d'Abel de Pujol et de Picot; grand prix de Rome (Histoire) en 1854; chevalier de la Legion-d'Honneur en 1867.*

170 Mort d'Orphée.

H. 2,05. — L. 1,32. — Fig. demi-nat.
(Salon de 1866.)

MAISIAT (JOANNY), *né à Lyon (Rhône), élève de l'École des Beaux-Arts de Lyon.*

171. Le bord d'un chemin, sur un coteau, en Touraine.

H. 0,80. — L. 0,66.
(Salon de 1867.)

172. Fleurs et fruits.

H. 1,02. — L. 0,82.
(Salon de 1868.)

MARCHAL (CHARLES-FRANÇOIS), *né à Paris, élève de Drolling et de M. Fr. Dubois.*

173. Le Choral de Luther (Alsace).

H. 1,10. — L. 1,72. — Fig. 0,60.
(Salon de 1863.)

174. La foire aux servantes, à Bouxwiller (Alsace).

H. 1,10. — L. 1,75. — Fig. de 0,60.
(Salon de 1864.)

MATOUT (LOUIS), *né à Charleville (Ardennes); chevalier de la Légion-d'Honneur en 1857.*

175. Femme de Boghari tuée par une lionne.

H. 1,45. — L. 1,70. — Fig. gr. nat.
(Salon de 1855.)

MEISSONIER (JEAN-LOUIS-ERNEST), *né à Lyon (Rhône), élève de M. Léon Cogniet; chevalier de la Légion-d'Honneur en 1846, officier en 1856, commandeur en 1867, membre de l'Institut en 1861.*

176. L'Empereur à Solférino.

    H. 0,45. — L. 0,75. — Fig. de 0,07. — P. sur bois.

                                        (Salon de 1864.)

177. L'Empereur, entouré de son état-major.

    H. 0,15. — L. 0,12. — Fig. de 0,07. — P. sur bois.

MERLE (HUGUES), *né à Saint-Marcellin (Isère), élève de M. L. Cogniet; chevalier de la Légion-d'Honneur en 1868.*

178. Une mendiante.

    H. 1,12. — L. 0,80. — Fig. en buste de gr. nat.

                                        (Salon de 1861.)

MICHEL (CHARLES-HENRI), *né à Fins (Somme), élève de M. Aug. Dehaussy.*

179. La sainte communion.

    H. 1,85. — L. 0,98. — Fig. demi-nat.

                                        (Salon de 1866.)

MONGINOT (CHARLES), *né à Brienne (Aube), élève de M. T. Couture.*

180. Nature morte.

    H. 2,00. — L. 2,60.

                                        (Salon de 1853.)

MONTESSUY (FRANÇOIS), *né à Lyon (Rhône), élève d'Hersent et d'Ingres.*

181. La Madone des grâces à la Cervara (États-Romains).

    H. 0,50. — L. 0,61. — Fig. de 0,28.

                                        (Salon de 1853.)

MONVOISIN (raymond-auguste), *né à Bordeaux (Gironde) en* 1794, *élève de P. Guérin; mort en* 1870.

182. L'escarpolette.
  H. 1, 26. — L. 1, 02. — Fig. demi-nat.
         (Salon de 1840.)

MOREAU (gustave), *né à Paris, élève de Picot.*

183. Orphée.
  Une jeune fille recueille pieusement la tête d'Orphée et sa lyre, portées par les eaux de l'Hèbre aux rivages de la Thrace.
  H. 1, 50. — L. 0, 98. — Fig. petite nat. — P. sur bois.
         (Salon de 1866.)

MULLER (charles-louis), *né à Paris, élève de Gros; chevalier de la Légion-d'Honneur en* 1849, *officier en* 1859, *membre de l'Institut en* 1864.

184. Appel des dernières victimes de la terreur.
  On remarque M.-C. Lepelletier, ex-princesse de Chimay; G. Montalembert, ex-marquis, capitaine au ci-devant régiment du roi; C.-F. Rougeot de Montcrif, garde-du-corps; P. Durand Puy de Vériune, ex-maître des comptes; M. Barkos, femme de Puy de Vériune; P.-F. Stainville, femme de Grimaldi Monaco, ex-princesse; J.-L.-M. Aucanne, ex-maître des comptes, ex-capitaine de cavalerie; André Chénier, homme de lettres; J.-A. Roucher, homme de lettres; Mme A. Leroy, actrice de la Comédie-Française; A.-M.-F. Piercourt, veuve de Narbonne Pelet, ex-comtesse; C.-J.-F. Manneville de Colbert de Maulvriers, ex-marquise; J.-F. Antié, dit Léonard, coiffeur de la reine; T. Meynier, ex-prêtre de l'Hôtel-Dieu de Paris; F.-A. Seguin, chimiste; F. Trenck, ex-baron; A. Leguay, capitaine au 23e régiment de chasseurs à cheval; C.-F.-J. Saint-Simon, ex-évêque d'Agde; Mme Sabine Viriville, femme de l'ex-comte de Périgord; F.-R.-R. Bessejouls de Roquelaure, ex-marquis. (Voir au *Moniteur* du 7 au 9 thermidor.)
  H. 4, 37. — L. 8, 20. — Fig. gr. nat.
         (Salon de 1850.)

MUSSINI (louis), *né à Florence, élève de l'école de Florence.*

185. L'Éducation à Sparte.
  H. 1, 22. — L. 1, 60. — Fig. 0, 70.

NAZON (François-Henri), *né à Réalmont (Tarn), élève de M. Gleyre.*

186. Bords de l'Aveyron; soir d'automne.
> H. 0, 88. — L. 1, 42.
>
> (Salon de 1863.)

OUVRIÉ (Pierre-Justin), *né à Paris, élève d'Abel de Pujol, de M. le baron Taylor et de M. Châtillon; chevalier de la Légion-d'Honneur en 1854.*

187. Le Monument de Walter-Scott, Calton-Hill et la Canongate, à Édimbourg.
> H. 0, 88. — L. 1, 38.
>
> (Salon de 1863.)

PATROIS (Isidore), *né à Noyers (Yonne), élève de Monvoisin et de M. Lenfant.*

188. Procession des saintes-images aux environs de Saint-Pétersbourg (Russie).
> Cette procession, qui se renouvelle tous les ans, rappelle celle qui fut ordonnée en 1832, à l'occasion du choléra.
> H. 0, 81. — L. 1, 30. — Fig. 0, 51.
>
> (Salon de 1861.)

PENGUILLY L'HARIDON (Octave), *né à Paris en 1811, élève de Charlet; chevalier de la Légion-d'Honneur en 1851, officier en 1862, mort en 1870.*

189. Le tripot.
> H. 0,42. — L. 0,50. — Fig. de 0,27.
>
> (Salon de 1847.)

PHILIPPOTEAUX (Henri-Emmanuel-Félix), *né à Paris, élève de M. L. Cogniet; chevalier de la Légion-d'Honneur en 1846.*

190. Louis XV visitant le champ de bataille de Fontenoy (mai 1745).
> H. 1, 95. — L. 3, 10. — Fig. demi-nat.
>
> (Salon de 1840.)

PLACE (HENRI), *né à Paris, chevalier de la Légion-d'Honneur en* 1854.

191. Marine, falaise de Douvres.

H. 0, 72. — L. 1, 12.

(Salon de 1849.)

(Donné par l'auteur.)

PLEYSIER (A.), *né à Haardingue (Hollande méridionale)*.

192. Rencontre de pêcheurs dans le canal anglais, par une forte brise.

H. 0, 78. — L. 1, 12.

(Salon de 1864.)

(Donné en 1865 par l'auteur.)

RANVIER (JOSEPH-VICTOR), *né à Lyon, élève de MM. Janmot et Richard*.

193. La chasse au filet.

H. 0,54. — L. 1,05. — Fig. de 0,75.

(Salon de 1864.)

194. Enfance de Bacchus.

H. 1,28. — L. 2,37. — Fig de 0,60.

(Salon de 1865.)

REGNAULT (ALEXANDRE-GEORGES-HENRI), *né à Paris le* 30 *octobre* 1843, *élève de Lamothe et de M. Cabanel, grand-prix de Rome (Histoire) en* 1866, *mort au combat de Buzenval, le* 19 *janvier* 1871.

195. Portrait équestre de Juan Prim.

Arrivée du général devant Madrid, le 8 octobre 1868, avec l'armée révolutionnaire espagnole.

H. 3,15. — L. 2,65. — Fig. gr. nat.

(Salon de 1869.)

196. Exécution sans jugement sous les rois maures de Grenade.

Envoi de Rome, peint en 1870.

H. 3, 05. — L. 1, 50. — Fig. gr. nat.

RIBOT (THÉODULE), *né à Breteuil (Eure), élève de M. Glaize.*

197. Saint Sébastien, martyr.
H. 0,97. — L. 1,30. — Fig. gr. nat.
(Salon de 1865.)

RICHOMME (JULES), *né à Paris, élève de Drolling; chevalier de la Légion-d'Honneur en* 1867.

198. Saint Pierre d'Alcantara guérissant un enfant malade.
(*Les Bollandistes*, Chap. 40.)
H. 2,30. — L. 1,82. — Fig. demi-nat.
(Salon de 1864.)

ROBERT-FLEURY (JOSEPH-NICOLAS), *né à Paris; chevalier de la Légion-d'Honneur en* 1836, *officier en* 1849, *commandeur en* 1867, *membre de l'Institut en* 1850, *directeur de l'Académie de France à Rome en* 1866.

199. Colloque de Poissy en 1561.
Cette conférence, dont le but était d'apaiser les différends entre les protestants et les catholiques, eut lieu en présence de Catherine de Médicis et du jeune roi Charles IX. Théodore de Bèze porta la parole pour les protestants.
H. 0,92. — L. 1,30. — Fig. de 0,48.
(Salon de 1840.)

200. Jane Shore.
Condamnée comme sorcière et adultère, elle est poursuivie dans les rues de Londres et insultée par la populace.
H. 2,03. — L. 1,50. — Fig. gr. nat.
(Salon de 1850.)

201. Pillage d'une maison dans le Judecca de Venise, au moyen âge.
..... Sous le moindre prétexte, on courait au quartier des Juifs, on entrait dans leurs maisons, on pillait leurs richesses, et leurs débiteurs reprenaient les titres de leurs dettes.
H. 2,44. — L. 2,40. — Fig de 0,85.
(Salon de 1855.)

ROBERT-FLEURY (TONY), *né à Paris, élève de P. Delaroche et de M. L. Cogniet.*

202. Les vieilles de la place Navone, à Santa-Maria-della-Pace.
H. 0,72. — L. 1,10. — Fig. de 0,35.
(Salon de 1867.)

ROEHN (ALPHONSE-JEAN), *né à Paris en* 1799, *élève de Gros et de Regnault; mort en* 1864.

203. Le braconnier.
H. 0,51. — L. 0,62. — Fig. de 0,22.
(Salon de 1850.)

ROLLER (JEAN), *né à Paris en* 1798, *élève de Gautherot; chevalier de la Légion-d'Honneur en* 1844, *mort en* 1866.

204. Portrait de M. Biron, ancien maire de Montmartre.
H. 0,72. — L. 0,60. — Buste gr. nat.
(Donné par l'auteur en 1866.)

ROQUEPLAN (CAMILLE), *né en* 1803 *à Mallemort (Bouches-du Rhône), élève de Gros et d'Abel de Pujol; chevalier de la Légion-d'Honneur en* 1832, *officier en* 1852, *mort en* 1855.

205. Marine; vue prise sur les côtes de Normandie.
H. 1,04. — L. 1,58.
(Salon de 1831.)

206. Une Fille d'Eve.
H. 1,47. — L. 0,84. — Fig. demi-nat.
(Salon de 1855.)

ROUSSEAU (PHILIPPE), *né à Paris, élève de Gros et de V. Bertin; chevalier de la Légion-d'Honneur en* 1852, *officier en* 1870.

207. Un importun.
Un chien griffon interrompt le repas d'une chatte et de ses petits.
H. 1,00. — L. 1,32.
(Salon de 1850.)

208. Cigognes faisant la sieste au bord d'un bassin.
H. 2, 24. — L. 1, 42.
(Salon de 1855.)

209. Chevreau broutant des fleurs.
H. 2, 24. — L. 1, 42.
(Salon de 1855.)

ROUSSEAU (THÉODORE), *né à Paris en 1812; chevalier de la Légion-d'Honneur en 1852, officier en 1867, mort en 1867.*

210. Sortie de forêt à Fontainebleau (coucher de soleil).
H. 1, 42. — L. 1, 96.
(Salon de 1855.)

211. Lisière d'une forêt (esquisse).
H. 0, 29. — L. 0, 59.

SAIN (ÉDOUARD-ALEXANDRE), *né à Cluny (Saône-et-Loire), élève de Picot.*

212. Fouilles à Pompeï.
H. 1, 08. — L. 1, 72. — Fig. de 0, 50
(Salon de 1866.)

SAINT-ALBIN (Mme CÉLINE DE), *née à Mayenne (Mayenne), élève de Jacobber.*

213. Un cactus (*speciosissimus*).
H. 1, 08. — L. 0, 88.
(Salon de 1867.)
(Donné par l'auteur en 1867.)

SAINT-JEAN (SIMON), *né à Lyon (Rhône) en 1808, élève de P. Révoil et de François Lepage; chevalier de la Légion-d'Honneur en 1843, mort en 1860.*

214. Notre-Dame-des-Roses; tableau de fleurs.
H. 1, 22. — L. 0, 87.
(Peint en 1850)

215. Les fleurs dans les ruines.
H. 1, 58. — L. 1, 17.
(Salon de 1855.)

216. La récolte.
>H. 1, 78. — L. 1, 17.
>(Salon de 1855.)

SCHEFFER aîné (ARY), *né à Dordrecht (Hollande) en 1795, élève de P. Guérin; chevalier de la Légion-d'Honneur en 1828, officier en 1835, mort en 1858.*

217. La Mort de Géricault.
> Derrière le lit, le colonel Bro, debout; en avant, M. de Dreux d'Orcy, tous deux amis de Géricault.
> H. 0, 37. — L. 0, 45. — Fig. de 0,35.
> (Peint en 1824.)

218. Les femmes souliotes.
> Voyant leurs maris défaits par les troupes d'Ali, pacha de Janina, elles prennent la résolution de se précipiter du haut des rochers.
> H. 2, 48. — L. 3, 54. — Fig. gr. nat.
> (Salon de 1827.)

219. Eberhard, comte de Wirtemberg, dit *le Larmoyeur.*
> « Et tandis que nous, dans notre camp, célébrons notre victoire, que fait notre vieux comte? Seul, dans sa tente, devant le corps mort de son fils, il pleure.» (Ballade de SCHILLER.)
> H. 1, 51. — L. 1, 62. — Fig. gr. nat. à mi-corps.
> (Salon de 1834.)

SCHNETZ (JEAN-VICTOR), *né à Versailles (Seine-et-Oise) en 1786, élève de David, Regnault, Gros et Gérard; chevalier de la Légion-d'Honneur en 1825, membre de l'Institut en 1837, directeur de l'Académie de France à Rome en 1840 et en 1853, officier de la Légion-d'Honneur en 1843, commandeur en 1866, mort en 1870.*

220. Une scène d'inondation.
> Une famille de contadini (paysans des environs de Rome), surprise par un prompt débordement du Tibre, se sauve au travers des eaux. La jeune femme, chargée de ses deux en-

fants, incertaine dans sa marche, est guidée par son mari, qui emporte sa vieille mère malade.

H. 2, 92. — L. 2, 44. — Fig. gr. nat.

(Salon de 1831.)

221. Vœu à la Madone.

H. 2, 84. — L. 4, 90. — Fig. gr. nat.

(Salon de 1831.)

SCHREYER (ADOLPHE), *né à Francfort-sur-le-Mein (Allemagne).*

222. Chevaux de cosaques irréguliers, par un temps de neige.

H. 1,94. — L. 3,00.

(Salon de 1864.)

223 Charge de l'artillerie de la garde impériale, à Tratkir en Crimée, le 16 août 1855.

H. 2,06. — L. 4,35. — Fig. demi-nat.

(Salon de 1865.)

SCHUTZENBERGER (LOUIS-FRÉDÉRIC), *né à Strasbourg (Bas-Rhin), élève de M. Gleyre; chevalier de la Légion-d'Honneur en* 1870.

224. Terpsychore.

H. 1,14. — L. 2, 00. — Fig. de 0,60

(Salon de 1861.)

225. Centaures chassant un sanglier.

H. 1,08. — L. 2,00 — Fig. demi-nat.

(Salon de 1864.)

SEBRON (HIPPOLYTE), *né à Caudebec (Seine-Inférieure), élève de Daguerre; chevalier de la Légion-d'Honneur en* 1867.

226. Vue d'une partie de l'intérieur de la grande mosquée de Cordoue (Espagne).

H. 1, 30. — L. 0, 97.

(Salon de 1857.)

SIGNOL (ÉMILE), *né à Paris, élève de Gros, grand prix de Rome (Histoire) en 1830; chevalier de la Légion-d'Honneur en 1841, officier en 1865, membre de l'Institut en 1860.*

227. La femme adultère.

 Jésus répond aux Scribes et aux Pharisiens : « Que celui d'entre vous qui est sans péché lui jette la première pierre.» (*Evangile* selon saint Jean, chap. VII.)
 H. 1, 37. — L. 1, 11. — Fig. demi-nat.
         (Salon de 1840.)

SOYER (PAUL), *né à Paris, élève de M. Léon Cogniet.*

228. Dentellières à Asnières-sur-Oise.
 H. 0,60. — L. 0,80. — Fig de 0,30.
         (Salon de 1865.)

TASSAERT (NICOLAS-FRANÇOIS-OCTAVE), *né à Paris, élève de Lethière.*

229. Une famille malheureuse.

 La neige couvrait les toits; un vent glacial fouettait la vitre de cette étroite et froide demeure ; une vieille femme réchauffait à un brasier ses mains pâles et tremblantes. La jeune fille lui dit : « O ma mère, vous n'avez pas toujours été dans ce dénûment!.....» Et la vieille dame regardait l'image de la Vierge, et la jeune fille sanglotait. A quelque temps de là on vit deux femmes, lumineuses comme des âmes, qui s'élançaient vers le ciel.
 H. 1, 15. — L. 0, 80. — Fig. demi-nat.
         (Salon de 1850.)

TIMBAL (LOUIS-CHARLES), *né à Paris, élève de Drolling et de M. Signol; chevalier de la Légion-d'Honneur en 1864.*

230. La muse et le poète.
 H. 2, 20. — L. 1, 55. — Fig. gr. nat.
         (Salon de 1866.)

TISSOT (JAMES), *né à Nantes (Loire-Inférieure), élève d'Hipp. Flandrin et de Lamothe.*

331. Rencontre de Faust et de Marguerite.

> Faust : Ma belle demoiselle, oserai-je vous offrir mon bras et ma conduite ?
>
> (Goethe, *Faust.*)

H. 0,78. — L. 1,17. — Fig. de 0,60. — P. sur bois.

(Salon de 1861.)

TOURNEMINE (Charles-Émile de), *né à Toulon (Var), élève de M. E. Isabey; chevalier de la Légion-d'Honneur en* 1853.

232. Éléphants d'Afrique.

> ...«Au soleil levant se déroulait devant nous une plaine immense, en partie inondée, toute peuplée de flamants ou d'ibis. Un long troupeau d'éléphants s'avançait lentement, faisant envoler à son approche des quantités d'oiseaux aux brillantes couleurs.» (*Voyage dans l'intérieur de l'Afrique*, par M. Verreaux.)

H. 0,88. — L. 1,78.

(Salon de 1867.)

233. Habitations turques près Adalia (Asie-Mineure).

H. 0,69. — L. 1,24.

(Salon de 1859.)

TRAYER (Jean-Baptiste-Jules), *né à Paris, élève de son père et de M. Lequien.*

234. La Marchande de crêpes ; jour de grand marché à Quimperlé.

H. 0,81. — L. 1,02. — Fig. 0,40.

(Salon de 1866.)

TROYON (Constant), *né à Sèvres en* 1810, *élève de M. Riocreux; chevalier de la Légion-d'Honneur en* 1849, *mort en* 1865.

235. Le retour à la ferme.

H. 2,60. — L. 3,90.

(Salon de 1859.)

Donné en 1865 par Mme veuve Troyon, mère de l'auteur.

ULMANN (BENJAMIN), *né à Blotzheim (Haut-Rhin), élève de Drolling et de Picot; grand prix de Rome (Histoire) en 1859.*

236. Sylla chez Marius.

    Sylla, nommé consul et commandant de l'armée contre Mithridate, est amené de force chez Marius, son compétiteur, par le tribun Sulpicius, partisan et créature de ce dernier, et forcé de mettre aux voix la rogation qui accorde le droit de cité aux alliés italiens et affranchis. La rogation ayant été votée, Sylla est destitué, et Marius, nommé à sa place, est attaqué quelques jours après par les troupes que son compétiteur est allé chercher à Nola.

    H. 3,34. — L. 4,72. — Fig. gr. nat.

(Salon de 1866.)

VERNET (ÉMILE-JEAN-HORACE), *né à Paris, en 1789, élève de Vincent; chevalier de la Légion-d'Honneur en 1814, officier en 1825, membre de l'Institut en 1826, directeur de l'Académie de France à Rome en 1828, commandeur de la Légion-d'Honneur en 1842, grand officier en 1862, mort en 1863.*

237. La barrière de Clichy, ou défense de Paris en 1814.

    Le maréchal Moncey donne au chef de bataillon Odiot l'ordre d'empêcher les Russes de s'emparer de la butte Montmartre.
    Parmi les acteurs de cette scène on remarque le maréchal Moncey; M. Odiot, colonel; M. de Marguery-Dupaty, l'homme de lettres; Charlet, et Horace Vernet, l'auteur du tableau.

    Donné à la Chambre des pairs par M. Odiot père, ancien orfèvre, colonel de la légion.

    H. 0, 97. — L. 1, 30. — Fig. de 0, 38.

(Peint en 1820.)

238. Raphaël au Vatican.

    Michel-Ange rencontrant Raphaël dans le Vatican avec ses élèves, lui dit : « Vous marchez entouré d'une suite nombreuse ainsi qu'un général. » — « Et vous, répondit Raphaël au peintre du Jugement dernier, vous allez seul comme le bourreau. » (*Vie de Raphaël*, par QUATREMÈRE DE QUINCY.)

    H. 3, 92. — L. 3, 00. — Fig. gr. nat.

(Salon de 1833.)

VETTER (JEAN-HÉGÉSIPPE), *né à Paris, élève de Steuben; chevalier de la Légion-d'Honneur en* 1855.

239. Mascarille présentant Jodelet à Cathos et à Madelon.

« — Mesdames, agréez que je vous présente ce gentilhomme-ci : sur ma parole, il est digne d'être connu de vous. »
(MOLIÈRE. *Les Précieuses ridicules*, sc. XII.)

H. 0,40. — L. 0,59. — Fig. de 0,23. — P. sur bois.

(Salon de 1865.)

240. Molière et Louis XIV.

Louis XIV ayant appris que les officiers de sa maison dédaignaient Molière et refusaient de dîner avec lui chez le contrôleur de la bouche, le fait asseoir un matin à sa table, et lui servant une aile de son en cas de nuit, dit aux courtisans qu'il avait fait introduire : « Vous me voyez, « Messieurs, en train de faire manger Molière, que les gens « de ma maison ne trouvent pas d'assez bonne compagnie « pour eux. »

H. 0, 65. — L. 0, 96. — Fig. de 0,26. — P. sur bois.

(Salon de 1864.)

VOLLON (ANTOINE), *né à Lyon (Rhône), chevalier de la Légion-d'Honneur en* 1870.

241. Curiosités.

H. 2, 64. — L. 1, 90.

(Salon de 1868.)

242. Poissons de mer.

H. 0, 82. — L. 1, 20. — P. sur bois.

(Salon de 1870.)

WEBER (OTTO), *né à Berlin en* 1832, *élève de MM. Steffeck et T. Couture; mort en* 1871.

243. La curée de chevreuil.

H. 1, 68. — L. 2, 20. — Fig. gr. nat.

(Salon de 1868.)

WORMS (JULES), *né à Paris, élève de M. Lafosse.*

244. La Romance à la mode.

H. 0, 46. — L. 0, 65. — Fig. de 0, 19. — P. sur bois.

(Salon de 1868.)

WYLD (WILLIAM), *né à Londres, chevalier de la Légion-d'Honneur en* 1855.

245. Le Mont-Saint-Michel, vue prise à Avranches.

  H. 1, 40. — L. 2, 20.

           (Salon de 1869.)

ZIEM (FÉLIX), *né à Beaune (Côte-d'Or); chevalier de la Légion-d'Honneur en* 1857.

246. Vue de Venise.

  H. 1, 78. — L. 2, 60.

           (Salon de 1852.)

ZO (ACHILLE), *né à Bayonne (Basses-Pyrénées),* **élève de** *M. T. Couture.*

247. L'Aveugle de la porte Doce Cantos, à Tolède.

  H. 1, 12. — L. 1, 80. — Fig. de 0,40.

           (Salon de 1863.)

CARTONS, DESSINS ET MINIATURES.

ALIGNY (TH. D'). (Voir page 1).

248. Vue de Genazzano (États-Romains).
    Dessin à la plume exécuté en 1835.
    H. 0, 32. — L. 0, 66.

249. Rochers et Châtaigniers ; étude.
    Dessin à la plume, exécuté à Royat (Auvergne), en 1838.
    H. 0, 43. — L. 0, 45.

APPIAN (ADOLPHE), *né à Lyon, élève de MM. Corot et Daubigny.*

250. Retour des champs ; dessin au fusain.
    H. 0,55. — L 1,05.
    (Salon de 1864.)

BARON (HENRI). (Voir page 3).

251. Fête officielle au palais des Tuileries pendant l'Exposition universelle de 1867 ; aquarelle.
    H. 0, 57. — L. 0, 95.
    (Salon de 1868.)

BELLEL. (Voir page 4).

252. Vallée de Saint-Amé (Vosges).
    Dessin au fusain.
    H. 0, 47. — L. 0, 77.

BENOUVILLE. (Voir page 5.)

253. Martyrs conduits au supplice.
    Dessin à l'aquarelle.
    H. 1, 10. — L. 0,97.
    (Salon de 1852.)

BIDA (ALEXANDRE), *né à Toulouse (Haute-Garonne), élève d'Eugène Delacroix; chevalier de la Légion-d'Honneur en* 1855, *officier en* 1870.

254. Réfectoire de moines grecs.
    Dessin au crayon noir.
    H. 0, 38. — L. 0, 57.
    (Salon de 1857.)

255. L'Appel du soir, en Crimée.
    Dessin au crayon noir.
    H. 0, 46. — L. 0, 71.
    (Salon de 1857.)

256. Le Champ de Booz, à Bethléem.
    Dessin au crayon noir.
    H. 0, 46. — L. 0, 91.
    (Salon de 1861.)

257. Massacre des Mameluks.
    Dessin au crayon noir.
    H. 0, 92. — L. 0, 63.
    (Salon de 1861.)

COUDER. (Voir page 12.)

258. Notre-Dame-des-Sept-Douleurs.
    Dessin aux crayons noir et blanc sur papier gris, pour l'exécution des peintures qui décorent la chapelle du Saint-Sépulcre dans l'église Saint-Germain-l'Auxerrois.
    H. 1, 32. — L. 1, 08.

259. Le Christ et la Madeleine chez Simon le Pharisien.
    Dessin au crayon noir et au pastel qui a servi à l'exécution du tableau de l'église Notre-Dame-de-Lorette.
    H. 1, 00. — L. 1, 95.

DAVID (MAXIME), *né à Châlons-sur-Marne (Marne) en* 1798, *élève de Mme de Mirbel; chevalier de la Légion-d'Honneur en* 1851, *mort en* 1870.

260. Trois portraits d'Abd-el-Kader, représenté sous des aspects différents (miniatures).
    (Salon de 1853.)

DECAMPS (ALEXANDRE). (Voir page 15.)

261. Les Petits nautonniers.
>Aquarelle.
>H. 0, 36. — L. 0, 45. — Fig. 0, 25.

DELACROIX (EUGÈNE). (Voir page 15.)

262. Tête de lion ; aquarelle.
>H. 0,21. — L. 0,22.
>(Vente Eug. DELACROIX, n° 469 du Catalogue.)

263. Étude, au pastel, de l'une des femmes assises, pour le tableau des femmes d'Alger dans leur appartement, faisant partie du musée du Luxembourg. (V. n° 68.)
>H. 0,28. — L. 0,43.
>(Vente Eug. DELACROIX, n° 328 du Catalogue.)

264. Chasse au lion, l'affût; à la mine de plomb.
>H. 0,23. — L. 0,29.
>(Vente Eug. DELACROIX, n° 443 du Catalogue.)

265. Maréchal-ferrant arabe; à la mine de plomb.
>H. 0,17. — L. 0,28.
>(Vente Eug. DELACROIX, n° 423 du Catalogue.)

266. Lion dévorant un cheval; à la mine de plomb.
>H. 0,16. — L. 0,27.
>(Vente Eug. DELACROIX, n° 478 du Catalogue.)

267. L'Education d'Achille ; il est monté sur le centaure Chiron, qui lui enseigne à tirer de l'arc; dessin au crayon noir.
>H. 0, 24. — L. 0, 28.
>(Donné par M. Paul de Laage en 1868.)

FLANDRIN (HIPPOLYTE). (Voir page 21.)

268. Cinq études pour les peintures de Saint-Germain-des-Prés, réunies dans un même cadre :

>1° Le Christ sur la croix, étude pour le Calvaire; à la pierre noire.
>H. 0,29. — L. 0,23.

2° La Vierge debout, les mains jointes, pour la même composition du Calvaire; à la pierre noire.

H. 0,29. — L. 0,21.

3° Judas, figure drapée s'avançant vers la gauche, pour la composition du Judas embrassant le Christ; à la pierre noire.

H 0,29. — L. 0,21.

4° Homme drapé debout, un bâton dans la main gauche, le bras droit levé, pour la figure de Balaam; à la mine de plomb.

H. 0,31. — L. 0,15.

5° Homme nu debout, retenant une draperie de la main gauche, et le bras droit levé à la hauteur du front, étude pour la dispersion de Babel; à la pierre noire.

H. 0,31. — L. 0,15.

(Données par Mme veuve Hipp. Flandrin.)

269. Cadre contenant cinq études de figures pour la composition exécutée à Saint-Germain-des-Prés, représentant la tour de Babel :

1° Homme nu debout, se cachant le front; à la pierre noire sur papier gris.

H. 0, 28. — L. 0, 20.

2° Femme debout, tenant un enfant dans ses bras; au crayon noir sur papier gris.

H. 0, 24. — L. 0, 30.

3° Homme nu, vu de dos, regardant à droite; au crayon noir, rehaussé de blanc, sur papier gris.

H. 0, 29. — L. 20.

4° Homme nu debout et calque d'un homme drapé; au crayon noir, sur papier végétal.

H. 0, 35. — L. 0, 24.

5° Homme nu, étendant les deux bras; au crayon noir sur papier gris.

H. 0,28. — L. 0, 23.

(Ces dessins ont été donnés par Mme veuve Hippolyte Flandrin en mars 1869.

CARTONS, DESSINS ET MINIATURES.

HEIM. (Voir la page 28.)

270. Portraits, au crayon noir rehaussé de blanc, de divers membres de l'Institut de France.

Académie française :

Andrieux, Arnaud, Ém Augier, le baron de Barante, le vicomte de Bonald, Campenon, le comte Daru, Droz, Dupin aîné, Frayssinous, évêque d'Hermopolis, Michaud, Parceval-Grandmaison, le marquis de Pastoret, Patin, de Sainte-Beuve, le comte Ph. de Ségur, le comte de Vigny, Villemain.

Académie des inscriptions et belles-lettres :

Le comte Alex. de Laborde, Naudet, Quatremère de Quincy, Raoul-Rochette, baron Sylvestre de Sacy, de Saulcy.

Académie des sciences :

Elie de Beaumont, Brongniart, Combes, le baron Cuvier, Darcet, Dufrénoy, Dumas, Duméril, Flourens, Geoffroy-Saint-Hilaire, de Mirbel, Rayer, Régnault, Sainte-Claire-Deville, Serres, le baron Thénard.

Académie des beaux-arts :

Abel de Pujol (1), Alaux, Auber (1), Berlioz, Berton, Bidault (1), Blondel, Boïeldieu, le baron Bosio, Brascassat, Catel, le comte de Chabrol-Volvic, Cartellier, Chérubini, Couder, David d'Angers, Eug. Delacroix, le baron Desnoyers (1), Drolling, Duban, Dumont, Dupaty, Duret, Hipp. Flandrin, Fontaine, le comte de Forbin, Forster, Ach. Fould, Galle (1), Garnier, Gatteaux (1), le baron Gérard, Gilbert, de Gisors, le baron Gros, Guérin, Halévy, Henriquel-Dupont, Hersent, Hittorff, Ingres, Jaley, Jouffroy, Labarre, Lebas (1), Lefuel, Lemaire, le baron Lemot, Lesueur musicien, Lesueur architecte, Lethière, Martinet, F. de Mercey, Meynier, Nanteuil, S. A. I. le prince Napoléon, le comte de Nieuwerkerke, Percier, Petitot (1), Picot, Ramey père (1), Ramey fils, Reber, Regnault, Richomme, Robert-Fleury, Seurre aîné, Simart, le comte Siméon, Tardieu, Taunay, le baron Taylor (1), Thevenin, Amb. Thomas, le comte Turpin de Crissé (1), Carle Vernet, Horace Vernet (1).

---

(1) Deux portraits.

Autres artistes

Mme Ancelot; Ansiaux, peintre; Bra, statuaire; Daguerre, peintre; Debay père, statuaire; Mmes Hersent, Haudebourt-Lescot, Jacquotot, de Mirbel, peintres; Raggi, statuaire; Redouté, Vandaël, Watelet, peintres.

H. 0, 40. — L. 0, 30.

HERBELIN (Mme JEANNE-MATHILDE), *née à Brunoy (Seine-et-Oise), élève de Belloc.*

271. Portrait de Mme Andryane.

H. 0, 129. — L. 0, 106.

Miniature sur ivoire donnée par l'auteur.

(Salon de 1849.)

INGRES. (Voir page 30.)

272. Cartons d'après lesquels ont été exécutés les vitraux qui décorent les chapelles de Dreux et de Saint-Ferdinand, à Sablonville, dédiées à Notre-Dame-de-la-Compassion.

Chapelle de Saint-Ferdinand.

Saint Philippe. — Saint Rupert. — Saint Charles-Borromée. — Saint François d'Assise. — Saint Ferdinand, roi. — Saint Raphaël, archange. — Saint Henri, empereur. — Saint Clément d'Alexandrie. — Saint Louis, roi. — Saint Antoine de Padoue. — Sainte Adélaïde. — Sainte Hélène, impératrice. — Sainte Rosalie. — Sainte Amélie, reine.

La Foi. — L'Espérance. — La Charité.

Chapelle de Dreux.

Saint Denis. — Saint Remy. — Saint Germain. — Sainte Clotilde. — Sainte Geneviève. — Sainte Radegonde. — Sainte Isabelle de France. — Sainte Bathilde.

H. 2, 06. — L. 0, 92.

273. Portrait de M. A. Martin; dessin à la mine de plomb, portant la date de 1825.

H. 0, 28. — L. 0, 22.

ISABEY (EUGÈNE). (Voir page 32.)

274. Bois de Varangeville; prairie bordée à droite par une lisière de pins; aquarelle.

H. 0, 25. — L. 0, 33.

275. Le manoir Ango, à Varangeville, façade extérieure; aquarelle.
H. 0,24. — L. 0,33.

276. Rade de Saint-Malo, mer écumante venant se briser sur des rochers; aquarelle.
H. 0,19. — L. 0,31.

277. Environs de Saint-Malo, anse bordée par une plage; aquarelle.
H. 0,20. — L. 0,34.

LAFON (JACQUES-ÉMILE). (Voir page 33.)

278. Les cinq sens. — Cinq dessins, à la sanguine, de figures allégoriques, pour les peintures exécutées en 1856 au château d'Haroue (Meurthe).
H. 0,50. — L. 0,25. — Fig. de 0,30.

LAMI (LOUIS-EUGÈNE), *né à Paris, élève de Gros et d'Horace Vernet; chevalier de la Légion-d'honneur en* **1837**, *officier en* **1862**.

279. Souper dans la salle de spectacle de Versailles.

Aquarelle, faisant partie de la série des dessins représentant les scènes diverses de la fête de Versailles, offerte par l'Empereur à la reine d'Angleterre, en 1855.
H. 0,42. — L. 0,66.

REGNAULT (HENRI). (Voir page 41.)

280. La Madrilène, femme debout, vue de dos, robe et mantille noires. — Madrid, 1868.
Aquarelle.
H. 0, 460. — L. 0, 295.

281. Paysan de la Manche. — Madrid, 1868.
Aquarelle.
H. 0, 460. — L. 0, 230.

282. Alhambra de Grenade; entrée de la salle des Deux-Sœurs. — 1869.
Aquarelle.
H. 0, 610. — L. 0, 490.

283. Alhambra de Grenade; intérieur et Mirador de la salle des Deux-Sœurs. — 1869.

Aquarelle.

H. 0, 570. — L. 0, 420.

Ces quatre aquarelles ont été acquises, en avril 1872, à la vente de l'artiste.

ROCHARD (SIMON-JACQUES), *né à Paris, élève de Mérimée et de J.-B. Isabey.*

280. Portrait de M Marsh, banquier à Londres.

Miniature à l'aquarelle sur vélin. — H. 0. 135. — L. 0, 112.

Donné en 1866 par l'auteur.

RUDE (FRANÇOIS), *né à Dijon (Côte-d'Or), en 1784, élève de Devosge et de Cartellier; premier grand prix de Rome (Sculpture) en 1812, chevalier de la Légion-d'Honneur en 1833, mort en 1855.*

285. Cadre contenant trois dessins, projets de groupes pour la décoration de l'Arc-de-Triomphe de l'Etoile :

1° La Paix; à la mine de plomb et repassé au trait à la plume.

H. 0, 54. — L. 0, 22.

2° Le Départ du vainqueur; trait à la mine de plomb.

H. 0, 54. — L. 0, 31.

3° La Résistance, première idée; trait à la mine de plomb.

H. 0, 54. — L. 0, 21.

286. Autre cadre contenant deux dessins pour des compositions de la même suite :

1° Le Départ pour la guerre; trait à la plume.

H. 0, 54. — L. 0, 23.

2° La Résistance, campagne de Russie; trait à la plume.

H. 0, 54. — L. 0, 21.

(Ces cinq dessins ont été donnés par M. P. Cabet, statuaire.)

CARTONS, DESSINS ET MINIATURES.

SCHNETZ. (Voir page 45.)

287. Saint Philibert rachetant les captifs.
> Dessin au crayon noir et à l'estompe, pour l'exécution d'un des tableaux qui décorent l'église Notre-Dame-de-Lorette.
> H. 0, 96. — L. 0, 70.

TOURNY (JOSEPH-GABRIEL), *né à Paris, élève de M. Martinet; grand prix de Rome (Gravure) en 1846.*

288. Deux moines près d'un bénitier; étude à l'aquarelle.
> H. 0,60. — L. 0,28.
> (Salon de 1864.)

TROISVAUX.

289. Portrait de l'auteur.
> Miniature sur ivoire; ovale. — H. 0, 14. — L. 0, 13.

290. Portrait de la femme de l'auteur.
> Miniature sur ivoire, exécutée en 1833. — H. 0, 20. — L. 0, 15.

> Ces deux ouvrages ont été donnés, en 1863, par Mlle Thévenin de Verneuil.

VIDAL (VINCENT), *né à Carcassonne (Aude), élève de P. Delaroche; chevalier de la Légion-d'Honneur en 1852.*

291. L'ange déchu.
> Mes ailes demeuraient sans vigueur, immobiles comme elles l'ont été depuis cette heure funeste, comme elles le seront à jamais; ainsi l'ordonne un Dieu offensé.
> H. 0, 79. — L. 0, 62. — Dessin aux divers crayons.
> (Salon de 1849.)

292. Une larme de repentir.
> O pécheur! n'en est-il pas ainsi des pleurs du repentir? Quelque saignantes que soient les plaies qui le rongent au dedans, une larme venue du ciel les a toutes guéries.
> H. 0, 79. — L. 0, 62. — Dessin aux divers crayons.
> (Salon de 1849.)

293. Polymnie.
> H. 0, 75. — L. 0, 54. — Dessin aux divers crayons.
> (Salon de 1849.)

SCULPTURE.

AIZELIN (EUGÈNE), *né à Paris, élève de Ramey et de M. Dumont; chevalier de la Légion-d'Honneur en* **1867**.

294. Psyché.
>Figure de marbre. — Gr. nat.
>
>(Salon de 1863.)

BARRIAS (LOUIS-ERNEST), *né à Paris, élève de MM. Cavelier et Jouffroy; grand prix de Rome en* **1865**.

295. Jeune fille de Mégare.
>Figure de marbre. — gr. nat.
>
>(Salon de 1870.)

BARTHÉLEMY (RAYMOND), *né à Toulouse, élève de Duret; grand prix de Rome en* **1860**.

296. Ganymède.
>Groupe de marbre. — Gr. nat.
>
>(Le modèle en plâtre avait figuré au salon de 1869.)

BARYE (ANTOINE-LOUIS), *né à Paris, élève de Bosio et de Gros; chevalier de la Légion-d'Honneur en* **1833**, *officier en* **1855**, *membre de l'Institut en* **1868**.

297. Un jaguar dévorant un lièvre.
>Bronze.
>
>(Salon de 1852.)

BONNASSIEUX (JEAN-MARIE), *né à Pannissières (Loire), élève de M. Dumont et de Foyatier; grand prix de Rome* en 1836, *chevalier de la Légion-d'Honneur en* 1855, *membre de l'Institut en* 1866.

298. Un Amour se coupant les ailes.
Figure de marbre. — Gr. nat.
(Salon de 1842.)

299. La Méditation.
Figure de marbre. — Gr. nat.
(Salon de 1855.)

BOURGEOIS (CHARLES-ARTHUR), *né à Dijon (Côte-d'Or), élève de Duret et de M. Guillaume; grand prix de Rome en* 1863.

300. La Pythie de Delphes
Figure de marbre. — Plus gr. que nat.
(Salon de 1870.)

CAIN (AUGUSTE NICOLAS), *né à Paris, élève de Rude et de M. Guionnet; chevalier de la Légion-d'honneur en* 1869.

301. Vautour fauve sur une tête de sphinx.
Bronze.
(Salon de 1865.)

CAMBOS (JULES), *né à Castres (Tarn), élève de M. Jouffroy.*

302. La femme adultère.
Réduction en bronze et demi nat. de la statue de marbre exposée au salon de 1869.

CARRIER-BELLEUSE (ALBERT-ERNEST), *né à Anisy-le-Château (Aisne), élève de David d'Angers; chevalier de la Légion-d'Honneur en* 1867.

303. Hébé endormie.
Figure de marbre. — Gr. petite nat.
(Salon de 1869.)

CAVELIER (PIERRE-JULES), *né à Paris, élève de David d'Angers et de P. Delaroche; grand prix de Rome en*

1842, *chevalier de la Légion-d'Honneur en* 1853, *officier en* 1861, *membre de l'Institut en* 1865.

304. La Vérité.
>Figure de marbre. — Gr. nat.
>(Salon de 1853.)

305. Buste de femme.
>Marbre. — Gr. nat.
>(Salon de 1852.)

306. La mère des Gracques.
>Groupe de marbre. — Gr. nat.
>(Salon de 1861.)

CHAPU (HENRI-MICHEL-ANTOINE), *né à Lemée (Seine-et-Marne), élève de Pradier et de Duret; grand prix de Rome en* 1855, *chevalier de la Légion-d'Honneur en* 1867.

307. Mercure inventant le caducée.
>Fig. de marbre. — Gr. nat.
>(Salon de 1863.)

CORDIER (CHARLES), *né à Cambrai (Nord), élève de Rude; chevalier de la Légion-d'Honneur en* 1860.

308. Buste de paysanne des Abruzzes.
>Marbres divers. — Gr. nat.

CRAUK (GUSTAVE-ADOLPHE-DÉSIRÉ), *né à Valenciennes (Nord), élève de Pradier; grand prix de Rome en* 1851, *chevalier de la Légion-d'Honneur en* 1864.

309. Bacchante et satyre.
>Groupe en marbre. — Gr. nat.
>(Salon de 1859.)

310. Buste d'enfant.
>Marbre.
>(Salon de 1866.)
>(Donné par l'auteur.)

DELORME (JEAN-ANDRÉ), *né à Sainte-Agathe-en-Donzy (Loire), élève de M. Bonnassieux.*

311. Premier essai.

    Fig. de marbre. — Gr. nat.

(Salon de 1863.)

DUBOIS (PAUL), *né à Nogent-sur-Seine (Aube), élève de Toussaint; chevalier de la Légion-d'Honneur en* **1867.**

312. Saint Jean, enfant.

    Statue de bronze. — Gr. nat.

(Salon de 1864.)

313. Chanteur florentin du XVe siècle.

    Épreuve en bronze argenté d'après le modèle exposé en plâtre au salon de 1865, et qui avait obtenu la médaille d'honneur. — Gr. nat.

DUMONT (AUGUSTIN-ALEXANDRE), *né à Paris, élève de son père et de Cartellier; grand prix de Rome en 1823, chevalier de la Légion-d'Honneur en 1836, membre de l'Institut en 1838, officier de la Légion-d'Honneur en 1841, commandeur en 1870.*

314. Étude de jeune femme.

    Figure de marbre. — Gr. nat.

(Salon de 1844.)

315. Leucothée et Bacchus enfant.

    Groupe de marbre. — Gr. nat.

(Salon de 1831)

316. Buste de jeune fille, couronnée de fleurs.

    Marbre. — Gr. nat.

DURET (FRANÇOIS-JOSEPH), *né à Paris en 1804, élève de Bosio; grand prix de Rome en 1823, chevalier de la Légion-d'Honneur en 1833, membre de l'Institut en*

1843, *officier de la Légion-d'Honneur en* 1853; *mort en* 1865

317. Jeune pêcheur dansant la Tarentelle (souvenir de Naples).

>Statue de bronze fondue d'un seul jet par M. Honoré, fondeur. — Gr. nat.
>
>(Salon de 1833.)

318. Vendangeur improvisant sur un sujet comique (souvenir de Naples).

>Statue de bronze. — Gr. nat.
>
>(Salon de 1839.)

FALGUIÈRE (JEAN-ALEXANDRE-JOSEPH), *né à Toulouse (Haute-Garonne), élève de M. Jouffroy; grand prix de Rome en* 1859, *chevalier de la Légion-d'Honneur en* 1870.

319. Tarcinus, martyr chrétien.

>« Il aima mieux mourir sous les coups des païens que de leur livrer le corps du Christ. »
>
>Figure couchée, en marbre. — Gr. petite nature.
>
>(Salon de 1868.)

320. Un vainqueur au combat de coqs.

>Figure de marbre. — Gr. nat.
>
>(Salon de 1870.)

FAROCHON (EUGÈNE-JEAN-BAPTISTE), *né à Paris en* 1812, *élève de David d'Angers; grand prix de Rome (Gravure en médailles) en* 1835, *chevalier de la Légion-d'Honneur en* 1859, *mort en* 1871.

321. Cadre de médailles contenant :

1° Le modèle en bronze d'une médaille de prix aux sciences physiques et mathématiques.

2° Un cliché de la médaille exécutée.

>(Le coin appartient à la Monnaie.)

3° Le modèle en fer d'une médaille de prix aux arts agricoles et manufacturiers.

4° Un cliché de la médaille exécutée.

>(Le coin appartient à la Monnaie.)

5° Le modèle en bronze de la médaille de prix des Facultés de Médecine.
6° Un cliché de cette médaille exécutée.
> (Le coin appartient au Ministère de l'instruction publique.)

7° Le modèle en bronze de la médaille de prix des Écoles de Pharmacie.
8° Un cliché de cette médaille exécutée.
> (Le coin appartient au Ministère de l'Instruction publique.)

9° Le modèle en fer d'une médaille du président de Thou.
10° Un cliché de cette médaille exécutée.
11° Le modèle en fer du revers de la médaille du président de Thou, représentant un intérieur de bibliothèque.
12° Un cliché de l'exécution de ce revers de médaille.
> (Les coins appartiennent à la Société des Bibliophiles Français.)

13° Un cliché du revers de la médaille de prix de la Faculté de Droit de Paris (fondation E. de Beaumont).
> (Le coin appartient au Ministère de l'Instruction publique.)

14° Un cliché de la médaille d'Orfila.
> (Le coin appartient à la Société des médecins de la Seine.)

15° Un cliché de la médaille commémorative de l'union des Principautés Danubiennes).
> (Le coin appartient au gouvernement de la Roumanie.)

Ce cadre de modèles et clichés de médailles a été donné par l'auteur au Musée du Luxembourg.

FRÉMIET (EMMANUEL), *né à Paris, élève de Rude; chevalier de la Légion-d'Honneur en* 1860.

322. Le chien blessé.
> Bronze. — Gr. nat.

(Salon de 1850.)

323. Pan et ours.
> Groupe, marbre. — Gr. nat.

(Salon de 1867.)

GASTON-GUITTON (VICTOR-ÉDOUARD-GUSTAVE), *né à Napoléon-Vendée (Vendée), élève de Sartoris et de Rude.*

324. Léandre.
> Déjà de son azur la nuit voilait les cieux,
> Et de Léandre seul n'endormait pas les yeux;
> Mais, près des flots bruyants qui battent le rivage,
> Il attend des amours le lumineux message.
>
> Figure de marbre. — Gr. nat.

(Salon de 1857.)

SCULPTURE.

325. Le Passant et la Colombe.

> D'où viens-tu, colombe timide?
> D'où vient ce parfum précieux
> Que ton aile, en son vol rapide,
> Exhale et répand vers les cieux?
> (ANACRÉON, *ode* IX)

Statue de bronze. — Gr. nat.

(Salon de 1861.)

GATTEAUX (JACQUES-ÉDOUARD), *né à Paris, élève de son père et de Moitte; grand prix de Rome (Gravure en médailles) en 1809, chevalier de la Légion-d'Honneur en 1833, membre de l'Institut en 1845, officier de la Légion-d'Honneur en 1861.*

326. Minerve après le jugement de Pâris.

Figure de bronze. — Gr. nat.

(Salon de 1839.)

GEOFFROY DE CHAUME (ALFRED-VICTOR), *né à Paris, élève de David (d'Angers); chevalier de la Légion-d'Honneur en 1862.*

327. Masque de Béranger.

Marbre. — Gr. nat.

(Donné par M. Perrotin.)

GUILLAUME (CLAUDE-JEAN-BAPTISTE-EUGÈNE), *né à Montbard (Côte-d'Or), élève de Pradier; grand prix de Rome en 1845, chevalier de la Légion-d'Honneur en 1855, membre de l'Institut en 1862, officier de la Légion-d'Honneur en 1867.*

328. Anacréon.

Figure de marbre. — Gr. nat.

(Salon de 1852.)

329. Les Gracques.

Groupe de bronze. — Gr. nat.

(Salon de 1853.)

HIOLLE (ERNEST-EUGÈNE), *né à Valenciennes (Nord), élève de M. Jouffroy; grand prix de Rome en 1862.*

330. Narcisse.
>Figure penchée, en marbre. — Gr. nat.
>
>(Salon de 1869.)

331. Arion assis sur le dauphin.
>Figure de marbre. — Gr. nat.
>
>(Salon de 1870.)

ISELIN (HENRI-FRÉDÉRIC), *né à Clairegoutte (Haute-Saône), élève de Rude; chevalier de la Légion-d'Honneur en 1863.*

332. Jeune Romain.
>Buste de marbre. — Gr. nat.
>
>(Salon de 1852.)

JALEY (JEAN-LOUIS-NICOLAS), *né à Paris en 1802, élève de Cartellier; grand prix de Rome en 1827, chevalier de la Légion-d'Honneur en 1837, membre de l'Institut en 1856, mort en 1866.*

333. La Prière.
>Figure de marbre. — Gr. nat.
>
>(Salon de 1833.)

334. Souvenir de Pompei.
>Figure de marbre. — Demi-nat.
>
>(Salon de 1852.)

JOUFFROY (FRANÇOIS), *né à Dijon (Côte-d'Or), élève de Ramey fils; grand prix de Rome en 1832, chevalier de la Légion-d'Honneur en 1843, membre de l'Institut en 1857, officier de la Légion-d'Honneur en 1861.*

335. Jeune fille confiant son premier secret à Vénus.
>Figure de marbre. — Gr. nat.
>
>(Salon de 1839.)

LEHARIVEL–DUROCHER (VICTOR), *né à Chanu (Orne), élève de Belloc, de Ramey fils et de M. A. Dumont; chevalier de la Légion-d'Honneur en 1870.*

336. Être et paraître.
>Fig. de marbre. — Gr. nat.
>
>(Salon de 1861.)

LEMAIRE (PHILIPPE-HENRI), *né à Valenciennes (Nord), élève de Cartellier; grand prix de Rome en 1821, chevalier de la Légion-d'Honneur en 1834, officier en 1842, membre de l'Institut en 1845.*

337. Tête de Vierge.

 Marbre. — Gr. nat.

          (Salon de 1846.)

LEROUX (FRÉDÉRIC-ÉTIENNE), *né à Ecouché (Orne), élève de M. Jouffroy.*

338. Marchande de violettes.

 Figure de bronze. — Gr. nat.

          (Salon de 1866.)

LOISON (PIERRE), *né à Mer (Loir-et-Cher), élève de David (d'Angers); chevalier de la Légion-d'Honneur en 1859.*

339. La victoire, le lendemain du combat.

 Figure de bronze. — Gr. nat.

          (Salon de 1869.)

MAILLET (JACQUES-LÉONARD), *né à Paris, élève de Pradier; grand prix de Rome en 1847, chevalier de la Légion-d'Honneur en 1861.*

340. Agrippine et Caligula.

 Quel spectacle digne de pitié, de voir l'épouse de Germanicus se sauver du camp de son époux, emportant son enfant dans ses bras.   (TACITE.)

 Groupe de marbre. — Gr. nat.

          (Salon de 1853.)

341. Agrippine portant les cendres de Germanicus.

 Agrippine partit de Syrie pour porter à Rome les cendres de son époux. Le sénat, le peuple, tout le monde enfin, était allé au-devant de l'urne, qu'on reçut avec autant de respect que si c'eût été le simulacre de quelque Dieu.

 Figure de marbre. — Gr. nat.

          (Salon de 1861.)

MAINDRON (ÉTIENNE-HIPPOLYTE), *né à Champtoceaux (Maine-et-Loire), élève de David (d'Angers).*

342. Velléda.

« Cette femme était extraordinaire. Elle avait, ainsi que toutes les Gauloises, quelque chose de capricieux et d'attirant. Son regard était prompt, sa bouche un peu dédaigneuse et son sourire singulièrement doux et spirituel. Ses manières étaient tantôt hautaines, tantôt voluptueuses ; il y avait dans toute sa personne de l'abandon et de la dignité, de l'innocence et de l'art. J'aurais été étonné de trouver dans une espèce de sauvage une connaissance approfondie des lettres grecques et de l'histoire de son pays, si je n'avais su que Velléda descendait de la famille de l'archidruide et qu'elle avait été élevée par un senoni pour être attachée à l'ordre savant des prêtres gaulois. L'orgueil dominait chez cette barbare, et l'exaltation de ses sentiments allait souvent jusqu'au désordre.

« ... Ah ! si tu m'aimais, qu'elle serait notre félicité. Nous trouverions pour nous exprimer un langage digne du ciel ; à présent, il y a des mots qui me manquent, parce que ton âme ne répond pas à la mienne.

« La dernière fois, elle resta longtemps appuyée contre un arbre à regarder les murs de la forteresse. Je la voyais par une fenêtre et je ne pouvais retenir mes pleurs. Elle s'éloigna à pas lents et ne revint plus. »

(CHATEAUBRIAND. — *Les Martyrs.*)

Figure de marbre. — Gr. nat.

Répétition de la statue exposée au salon de 1844, et placée dans le jardin du Luxembourg.

MANIGLIER (HENRI-CHARLES), *né à Paris, élève de Ramey et de M. A. Dumont ; grand prix de Rome en 1856.*

343. Pénélope portant à ses prétendants l'arc d'Ulysse.

Figure de marbre. — Gr. nat.

MARCELLIN (JEAN-ESPRIT). *né à Gap (Hautes-Alpes), élève de F. Rude; chevalier de la Légion-d'Honneur en 1862.*

344. Bacchante se rendant au sacrifice sur le mont Cithéron.

Groupe de marbre. — Gr. nat.

(Salon de 1869.)

MÈNE (PIERRE-JULES), *né à Paris, élève de René Compaire; chevalier de la Légion-d'Honneur en* 1861.

345. Valet de chasse à cheval avec sa harde.
    Groupe de bronze.

    Epreuve d'après le groupe en cire exposé au salon de 1869.

MICHEL-PASCAL (FRANÇOIS), *né à Paris, élève de David d'Angers.*

346. Moines lisant.
    Groupe de marbre.
                                    (Salon de 1847.)

MILLET (AIMÉ), *né à Paris, élève de son père, de David d'Angers et de M. E. Viollet-le-Duc; chevalier de la Légion-d'Honneur en* 1859, *officier en* 1870.

347. Ariane.
    Figure de marbre. — Gr. nat.
                                      (Salon de 1857.)

MONTAGNY (ÉTIENNE), *né à Saint-Étienne (Loire), élève de David d'Angers et de Rude; chevalier de la Légion-d'Honneur en* 1867.

348. Saint Louis de Gonzague.
    Statue de terre cuite. — Gr. nat.
                                      (Salon de 1864.)

MOREAU (FRANÇOIS-CLÉMENT), *né à Paris en* 1831, *élève de Pradier et de Simart; mort en* 1865.

349. Aristophane.
    Figure de bronze. — Gr. nat.

    Cet ouvrage fut exposé en plâtre au salon de 1865, et en marbre à l'Exposition universelle de 1867.

MOREAU (MATHURIN), *né à Dijon (Côte-d'Or), élève de*

Ramey et de M. A. Dumont; chevalier de la Légion-d'Honneur en 1865.

350. Une fileuse.
>Figure de marbre. — Gr. nat.
>(Salon de 1861.)

MOULIN (HIPPOLYTE), *né à Paris, élève de M. Barye.*

351. Une trouvaille à Pompéi.
>Figure de bronze. — Gr. nat.
>(Salon de 1864.)

NANTEUIL (CHARLES-FRANÇOIS LEBOEUF–), *né à Paris en 1792, élève de Cartellier; grand prix de Rome en 1817, membre de l'Institut en 1831, chevalier de la Légion-d'Honneur en 1837, officier en 1865, mort en 1865.*

352. Eurydice.
>Figure de marbre. — Gr. nat.
>(Salon de 1824.)

OLIVA (ALEXANDRE-JOSEPH), *né à Saillagouze (Pyrénées-Orientales), élève de J.-B. Delestre, chevalier de la Légion-d'Honneur en 1867.*

353. Rembrandt.
>Buste de bronze. — Gr. nat.
>(Salon de 1853.)

354. Portrait du R. P. Ventura de Raulica, ancien général des Théatins, consulteur de la Sacrée Congrégation des Rites, examinateur des évêques et du clergé romain.
>Buste de marbre. — Gr. nat.
>(Salon de 1857.)

PERRAUD (JEAN-JOSEPH), *né à Money (Jura), élève de Ramey et de M. Dumont; grand prix de Rome en*

1847, *chevalier de la Légion-d'Honneur en* 1857, *officier en* 1867, *membre de l'Institut en* 1865.

355. Enfance de Bacchus.

Groupe de marbre qui a obtenu la médaille d'honneur au salon de 1863, et le grand prix à l'Exposition universelle de 1867.

Gr. nat.

356. Désespoir.

Figure de marbre. — Gr. nat.

(Salon de 1869.)

POLLET (JOSEPH-MICHEL-ANGE), *né en* 1814, *à Palerme (Sicile), de parents français, élève de Villaréale, de Tenerani et de Thorwaldsen; chevalier de la Légion-d'Honneur en* 1856, *mort en* 1871.

357. Une heure de la nuit.

Groupe de marbre. — Gr. nat.

(Salon de 1850-51.)

SALMSON (JEAN-JULES), *né à Paris, élève de Ramey, de Toussaint et de M. Dumont, chevalier de la Légion-d'Honneur en* 1867.

358. La devideuse.

Fig. de bronze. — Gr. nat.

(Salon de 1863.)

SCHRODER (LOUIS), *né à Paris, élève de Rude.*

359. L'Amour attristé à la vue d'une rose effeuillée.

Figure de marbre. — Gr. nat.

(Salon de 1852.)

SIMART (PIERRE-CHARLES), *né à Troyes (Aube) en* 1806, *élève de Pradier et de Ingres; grand prix de Rome (Sculpture) en* 1833, *chevalier de la Légion-d'Honneur* en 1846, *membre de l'Institut en* 1852, *officier de la Légion-d'Honneur en* 1856, *mort en* 1857.

360. Vénus.

Figure de marbre. — Demi nat.

(Légué en 1867 par M. Marcotte-Genlis.)

TRUPHÊME (FRANÇOIS), *né à Aix (Bouches-du-Rhône), élève de* M. *Bonnassieux.*

361. Jeune fille à la source.

Figure de marbre. — Gr. nat.

(Exposition universelle de 1867.)

TABLE ALPHABÉTIQUE

DES ARTISTES

DONT LES OUVRAGES SONT EXPOSÉS

AU MUSÉE NATIONAL DU LUXEMBOURG.

	Pages
M. Achard (Jean), peintre	1
M. Achenbach (Oswald), peintre	1
M. Aizelin (Eugène), sculpteur	61
M. Aligny (Claude-Félix-Théodore Caruelle d'), peintre.	1 et 52
M. Amaury-Duval (Eugène-Emmanuel), peintre	2
M. Anastasi (Auguste), idem	2
M. André (Jules), idem	2
M. Antigna (Alexandre), idem	2
M. Appert (Eugène), idem	3
M. Appian (Adolphe), idem	52
M. Baron (Henri), idem	3 et 52
M. Barrias (Félix), idem	3
M. Barrias (Louis-Ernest), sculpteur	61
M. Barthélemy (Raymond), idem	61
M. Barye (Antoine-Louis), idem	61
M. Baudry (Paul), peintre	3
M. Beaumont (Charles-Edouard de), idem	4
M. Bellangé (Hippolyte), idem	4
M. Bellel (Jean-Joseph), idem	4 et 52

	Pages
M. Belly (Léon), idem	5
M. Benouville (François-Léon), idem	5 et 52
M. Berchère (Narcisse), idem	5
M. Bertin (François-Edouard), idem	5
M. Bertrand (James), idem	5
M. Biard (François), idem	6
M. Bida (Alexandre), dessinateur	53
M. Blin (Francis), peintre	6
M. Bodinier (Guillaume), idem	6
M. Bodmer (Karl), idem	7
Mlle Bonheur (Rosa), idem	7
M. Bonnassieux (Jean-Marie), sculpteur	61
M. Bouguereau (Adolphe-William), peintre	7
M. Bourgeois (Charles-Arthur), sculpteur	62
M. Brascassat (Jacques-Raymond), peintre	7
M. Brendel (Albert), idem	7
M. Brest (Fabius), idem	7
M. Breton (Jules-Adolphe), idem	8
M. Brion (Gustave), idem	8
M. Busson (Charles), idem	8
M. Cabat (Louis), idem	8
M. Cain (Auguste-Nicolas), sculpteur	62
M. Cambos (Jules), idem	62
M. Carrier-Belleuse (Albert-Ernest), idem	62
M. Cavelier (Pierre-Jules), idem	62
M. Chaplin (Charles), idem	9
M. Chapu (Henri), sculpteur	63
M. Chassériau (Théodore), peintre	9
M. Chavet (Victor), idem	9
M. Chenavard (Paul), idem	9
M. Chenu (Fleury), idem	11
M. Chevandier de Valdrôme (Paul), idem	11
M. Chintreuil (Antoine), idem	11
M. Cibot (Edouard), idem	11
M. Coignard (Louis), idem	11
M. Comte (Pierre-Charles), idem	11
M. Cordier (Charles), sulpteur	63

TABLE

	Pages
M. Corot (Jean-Baptiste-Camille), peintre...............	12
M. Coubertin (Charles de), idem......................	12
M. Couder (Louis-Charles-Auguste), idem.......... 12 et	53
M. Couture (Thomas), idem........................	13
M. Crauk (Gustave-Adolphe-Désiré), sculpteur...........	63
M. Curzon (Paul-Alfred de), peintre....................	13
M. Dauban (Jules), idem	14
M. Daubigny (Charles-François), idem.................	14
M. Dauzats (Adrien), idem...........................	14
M. David (Maxime), idem............................	53
M. Decamps (Alexandre-Gabriel), idem............ 15 et	54
M. Dehodencq (Alfred), idem.........................	15
M. Delacroix (Eugène), idem.................... 15 et	54
M. Delaroche (Paul), idem...........................	16
M. Delaunay (Jules-Elie), idem......................	18
M. Delorme (Jean-André), sculpteur....................	64
M. Desgoffe (Alexandre), peintre.....................	18
M. Desgoffe (Blaise-Alexandre), idem..................	18
M. Desjobert (Louis-Remi-Eugène), idem................	19
Mme Desnos (Louise), idem...........................	19
M. Devéria (Eugène), idem...........................	19
M. Didier (Jules), idem..............................	19
M. Doré (Gustave-Paul), idem........................	19
M. Dubois (Paul), sculpteur...........................	64
M. Dumont (Augustin-Alexandre), idem.................	64
M. Duret (François-Joseph), idem.....................	64
M. Duval le Camus (Jules-Alexandre), peintre..........	20
M. Duverger (Théophile-Emmanuel), idem...............	20
M. Ehrmann (François), idem.........................	20
M. Escallier (Mme Eléonore), idem....................	20
M. Etex (Antoine), idem..............................	20
M. Falguière (Alexandre), sculpteur....................	65
M. Farochon (Eugène-Jean-Baptiste), graveur en médailles.	65
M. Fauvelet (Jean), peintre...........................	20
M. Fichel (Eugène), peintre...........................	21
M. Flandrin (Jean-Hippolyte), idem .... 21 et	54

	Pages
M. Flandrin (Jean-Paul), idem	21
M. Flers (Camille), idem	21
M. Fortin (Charles), idem	22
M. Français (Louis-François), idem	22
M. Frémiet (Emmanuel), sculpteur	66
M. Fromentin (Eugène), peintre	22
M. Galimard (Auguste-Nicolas), idem	22
M. Gaston-Guitton (Victor-Édouard), sculpteur	66
M. Gatteaux (Jacques-Édouard), idem	67
M. Gendron (Auguste), peintre	23
M. Geoffroy de Chaume (Victor), sculpteur	67
M. Giacomotti (Félix-Henri), peintre	23
M. Gigoux (Jean-François), idem	23
M. Giraud (Charles), idem	23
M. Giraud (Pierre-François-Eugène), idem	23
M. Giraud (Victor), idem	24
M. Giroux (André), peintre	24
M. Glaize (Auguste-Barthélemy), idem	24
M. Gleyre (Charles), idem	24
M. Gourlier (Paul-Dominique), idem	25
M. Gros-Claude (Louis), idem	25
M. Gudin (Théodore), idem	25
M. Guillaume (Claude-Jean-Baptiste-Eugène), sculpteur	67
M. Guillaumet (Gustave), peintre	26
M. Hamman (Edouard-Jean-Conrad), idem	26
M. Hanoteau (Hector), idem	27
M. Harpignies (Henri), idem	27
M. Hébert (Ernest-Antoine-Auguste), idem	27
M. Hédouin (Edmond), idem	27
M. Heilbuth (Ferdinand) idem	28
M. Heim (François-Joseph), idem	28 et 56
M. Henner (Jean-Jacques), idem	28
Mme Herbelin (Jeanne-Mathilde), idem	57
M Hesse (Alexandre-Jean-Baptiste), idem	28
M. Hesse (Nicolas-Auguste), idem	29
M. Hillemacher (Eugène)	29

TABLE.

	Pages
M. HIOLLE (Ernest-Eugène), sculpteur	68
M. HUET (Paul), peintre	29
M. INGRES (Jean-Augustin), idem	30 et 57
M. ISABEY (Louis-Gabriel-Eugène), idem	32 et 57
M. ISELIN (Henri-Frédéric), sculpteur	68
M. JACQUAND (Claudius), peintre	32
M. JACQUE (Charles-Emile), idem	32
M. JALABERT (Charles-François), idem	32
M. JALEY (Jean-Louis-Nicolas), sculpteur	68
M. JEANRON (Philippe-Auguste), peintre	32
M. JOUFFROY (François), sculpteur	68
M. KNAUS (Louis), peintre	33
M. KREYDER (Alexis), idem	33
M. LAEMLEIN (Alexandre), idem	33
M. LAFON (Jacques-Emile), idem	33 et 58
M. LAMBINET (Emile), idem	33
M. LAMI (Eugène), idem	58
M. LANDELLE (Charles), idem	34
M. LANOUE (Félix-Hippolyte), idem	34
M. LANSYER (Emmanuel), idem	34
M. LAPITO (Louis-Auguste), idem	34
M. LAUGÉE (Désiré-François), idem	35
M. LAZERGES (Jean-Raymond-Hippolyte), idem	35
M. LECOINTE (Charles-Joseph), idem	35
M. LEFEBVRE (Jules-Joseph), idem	35
M. LEGROS (Alphonse), idem	35
M. LEHARIVEL-DUROCHER (Victor), sculpteur	68
M. LEHMANN (Charles-Ernest-Rodolphe-Henri), peintre	36
M LELEUX (Adolphe) idem	36
M. LELEUX (Armand), idem	36
M. LEMAIRE (Philippe-Henri), sculpteur	69
M. LENEPVEU (Jules-Eugène), peintre	36
M. LEROUX (Eugène), idem	36
M. LEROUX (Frédéric-Etienne), sculpteur	69
M. LEROUX (Hector), peintre	37

M. Lévy (Emile), idem	37
M. Loison (Pierre), sculpteur	69
M. Maillet (Jacques-Léonard), idem	69
M. Maindron (Etienne-Hippolyte), idem	70
M. Maisiat (Joanny), peintre	37
M. Maniglier (Henri-Charles), sculpteur	70
M. Marcellin (Jean-Esprit), sculpteur	70
M. Marchal (Charles-François), idem	37
M. Matout (Louis), idem	37
M. Meissonier (Jean-Louis-Ernest), idem	38
M. Mène (Pierre-Joseph), sculpteur	71
M. Merle (Hugues), peintre	38
M. Michel (Charles-Henri), idem	38
M. Michel-Pascal (François), sculpteur	71
M. Millet (Aimé), idem	71
M. Monginot (Charles), peintre	38
M. Montagny (Etienne), sculpteur	71
M. Montessuy (François), peintre	38
M. Monvoisin (Raymond-Auguste), peintre	39
M. Moreau (François-Clément), sculpteur	71
M. Moreau (Gustave), peintre	39
M. Moreau (Mathurin), sculpteur	71
M. Moulin (Hippolyte), idem	72
M. Muller (Charles-Louis), peintre	39
M. Mussini (Louis), idem	39
M. Nanteuil (Charles-François Leboeuf), sculpteur	72
M. Nazon (François-Henri), peintre	40
M. Oliva (Alexandre-Joseph), sculpteur	72
M. Ouvrié (Pierre-Justin), peintre	40
M. Patrois (Isidore), idem	40
M. Penguilly L'Haridon (Octave), idem	40
M. Perraud (Jean-Joseph), sculpteur	72
M. Philippoteaux (Henri-Emmanuel-Félix), peintre	40
M. Place (Henri), idem	41

TABLE.

	Pages
M. Pleysier, idem	41
M. Pollet (Joseph-Michel-Ange), sculpteur	73
M. Ranvier (Joseph-Victor), idem	41
M. Regnault (Alexandre-Georges-Henri), idem	41 et 58
M. Ribot (Théodule), idem	42
M. Richomme (Jules), idem	42
M. Robert-Fleury (Joseph-Nicolas), idem	42
M. Robert-Fleury (Tony), idem	42
M. Rochard (Simon-Jacques), idem	59
M. Roehn (Alphonse-Jean), idem	43
M. Roller (Jean), idem	43
M. Roqueplan (Camille), idem	43
M. Rousseau (Philippe), idem	43
M. Rousseau (Théodore), idem	44
M. Rude (François), sculpteur	59
M. Sain (Édouard-Alexandre), peintre	44
Mme Saint-Albin (Céline de)	44
M. Saint-Jean (Simon), idem	44
M. Salmson (Jean-Jules), sculpteur	73
M. Scheffer aîné (Ary), peintre	45
M. Schnetz (Jean-Victor), idem	45 et 60
M. Schreyer (Adolphe), idem	46
M. Schröder (Louis), sculpteur	73
M. Schutzenberger (Louis-Frédéric), peintre	46
M. Sebron (Hippolyte), idem	46
M. Signol (Émile), idem	47
M. Simart (Pierre-Charles), sculpteur	73
M. Soyer (Paul), peintre	47
M. Tassaert (Nicolas-François-Octave), idem	47
M. Timbal (Louis-Charles), idem	47
M. Tissot (James), idem	47
M. Tournemine (Charles-Emile de), idem	48
M. Tourny (Joseph-Gabriel), dessinateur	60
M. Trayer (Jean-Baptiste-Jules), peintre	48
M. Troisvaux, idem	60

	Pages
M. Troyon (Constant), idem	48
M. Truphème (François), sculpteur	74
M. Ulmann (Benjamin), peintre	49
M. Vernet (Emile-Jean-Horace), idem	49
M. Vetter (Jean-Hégésippe), idem	50
M. Vidal (Vincent), idem	60
M. Vollon (Antoine), idem	50
M. Weber (Otto), idem	50
M. Worms (Jules), idem	50
M. Wyld (William), idem	51
M. Ziem (Félix), idem	51
M. Zo (Achille), idem	51

www.ingramcontent.com/pod-product-compliance
Lightning Source LLC
Chambersburg PA
CBHW070301100426
42743CB00011B/2294